TEXT

G000149543

CLÁSICOS LITERARIOS

COLECCIÓN DIDÁCTICA

TEXTOS
DEL 98

Edición preparada por
Chema 'Godluck

MADRID • BUENOS AIRES • CARACAS • GUATEMALA • LISBOA • MÉXICO
NUEVA YORK • PANAMÁ • SAN JUAN • SANTAFÉ DE BOGOTÁ • SANTIAGO • SÃO PAULO
AUCKLAND • HAMBURGO • LONDRES • MILÁN • MONTREAL • NUEVA DELHI
PARÍS • SAN FRANCISCO • SIDNEY • SINGAPUR • ST. LOUIS • TOKIO • TORONTO

TEXTOS DEL 98

DERECHOS RESERVADOS © 1997, respecto a la primera edición en español, por McGRAW-HILL/INTERAMERICANA DE ESPAÑA, S. A. U.
Edificio Valrealty, 1.ª planta
Basauri, 17
28023 Aravaca (Madrid)

ISBN: 84-481-1052-8
Depósito legal: M. 14.787-1997

·Editor: José M. Gómez-Luque
Coordinadores literarios: Javier Azpeitia y Gerardo Gonzalo
Diseño de interiores y cubierta: Estudio F. Piñuela
Compuesto en MonoComp, S. A.
Impreso en Cobra, S. L.

IMPRESO EN ESPAÑA - PRINTED IN SPAIN

Para Mayte y Lucas.
Y para Isabel y Pepe,
por tantas y tantas razones.

Se harán pegatinas, reediciones, se darán
conferencias, programas de radio y de
televisión, volveremos a repetir si se dice «en
zapatillas» o «con zapatillas», y mil tópicos...
pero siempre hablando de «aquella generación»
de la que todos somos hijos o nietos, espurios,
adulterinos o renegados, pero hijos.

PÍO CARO BAROJA, en José Luis Bernal
Muñoz, *¿Invento o realidad? La*
generación española de 1898,
Pre-Textos, Valencia, 1996.

SUMARIO

LA GENERACIÓN DEL 98 EN SU TIEMPO

EN el primer tercio del siglo XX se produce una eclosión de escritores de una enorme calidad. Algunos críticos han llegado a comparar este período con aquel otro que compartieron Cervantes, Góngora, Quevedo, Lope de Vega..., y puede que no les falten razones: Miguel de Unamuno, Ramón María del Valle-Inclán, Antonio Machado, Juan Ramón Jiménez, Pío Baroja, Rubén Darío y tantos y tantos otros publicaron sus mejores obras en este momento histórico.

Como puedes suponer, es un período complejo, de difícil clasificación; de hecho, los estudiosos muestran grandes desacuerdos. Hay discrepancias, por ejemplo, sobre si existió realmente una generación que se pueda agrupar en torno a 1898 y sobre sus posibles integrantes. Pero no vamos a dilucidar aquí problemas de hondo calado filológico. Nuestra intención es mostrar los textos de unos autores que compartieron las mismas inquietudes y que, ante un devenir histórico complejo, mostraron una reacción semejante.

El desastroso final del siglo XIX

Los sucesivos cambios de gobierno, los golpes de Estado, las guerras y las revueltas ciudadanas marcan un momento negro en la reciente historia de España. La profunda crisis venía a subrayar un incipiente cambio social a través del cual la nueva burguesía iba a tomar las riendas del país.

Un breve repaso por los vertiginosos cambios políticos nos puede ayudar a entender la situación (fíjate no tanto en los hechos en sí mismos como en la inestabilidad que provocaban en la vida cotidiana). Con la Revolución de 1868 se pone fin al reinado de Isabel II, mujer más orientada a los toros y a los saraos que a la política. En 1870, el Gobierno provisional decidió nombrar rey a Amadeo de Saboya. El asesinato del general Prim, promotor de la Revolución del 68, y las guerras carlistas (que fueron unas sangrientas guerras civiles) propiciaron la renuncia al trono de Amadeo I. Tras el fracaso de la monarquía se proclama la I República Española en 1873. Cuatro presidentes en un año y el pronunciamiento del general Martínez Campos fueron suficientes para restaurar la monarquía borbónica en la figura de Alfonso XII; corría el año de 1874. La tuberculosis acabó con el rey en 1885; desde esta fecha hasta la mayoría de edad de su hijo, Alfonso XIII, en 1902, María Cristina de Habsburgo asumió la regencia, y con ella el período más negro del siglo (¡y ya es decir!) con las guerras con Marruecos y las colonias americanas.

Los constantes cambios sólo significaban una enorme incapacidad para solucionar los diferentes problemas que se planteaban en el país.

España, un país sin pulso

Por si fuera poco, el Imperio español tocaba a su fin. A lo largo de todo el siglo XIX se habían ido independizando las repúblicas americanas sin que desde España se hubiera escuchado poco más que lamentaciones. La indiferencia presidió todo el proceso.

Sin embargo, cuando en 1868 se inicia la guerra con Cuba, cunde la alarma. Cuba era de importancia capital para la economía española y significaba, además, el último bastión imperial. La guerra se acalló con medidas transitorias, hasta que en 1895 se reanudó de nuevo. El interés por la isla de un país en expansión, como Estados Unidos, vino a agravar el problema. El Gobierno norteamericano responsabilizó al español por el hundimiento del «Maine», un viejo acorazado anclado en el puerto de Santiago. La entrada en la guerra de Estados Unidos, que ya había intentado comprar la isla en 1848, supuso no sólo su rápida finalización, sino una soberana humillación, a pesar de la opinión de no pocos estrategas españoles, que auguraban una rápida victoria.

La endeble flota española se vio obligada a tratar de resistir los ataques de la más moderna armada del momento. Los cañones de los barcos americanos tenían un alcance mucho mayor que el de los españoles, por lo que éstos lograban resistir a duras penas. Mediante el Tratado de París, España cedió las Filipinas y Puerto Rico a Estados Unidos y concedió la independencia a Cuba.

La situación social de España tras el llamado Desastre del 98 era calamitosa (subdesarrollo, pobreza, analfabetismo, injusticia social...). La situación moral la resumió Francisco Silvela en un artículo periodístico que tituló «Sin pulso»: España se había paralizado tras la derrota; ni políticos ni gobernantes habían sabido reaccionar ante el problema. Sólo un grupo de intelectuales había hecho oír su voz proponiendo la regeneración moral del país.

Con todo, la pérdida de las islas sólo fue un paso más, muy significativo, eso sí, en el largo proceso de decadencia. De hecho, autores como Joaquín Costa o Ángel Ganivet ya habían puesto de manifiesto la situación crítica del país y la necesidad de llevar a cabo reformas de importancia.

Un nuevo siglo con viejos problemas

Alfonso XIII asumió el trono en 1902. Continuaron la inestabilidad política, la guerra con Marruecos y los graves conflictos sociales. Como muestra baste citar la Semana Trágica de Barcelona (en 1909, el Gobierno reprimió con tal dureza unas manifestaciones populares en contra de una movilización para ir a la guerra de Marruecos, que las calles quedaron sembradas de cadáveres) y, en 1921, el Desastre de Annual, barranco en el que perdieron la vida más de ocho mil soldados españoles por una emboscada marroquí.

El general Primo de Rivera dio un golpe de Estado en 1923 e instauró una dictadura con el consentimiento del rey. Un año después del destierro de Primo de Rivera en 1930, se proclamó la II República Española y Alfonso XIII se exilió.

En el ámbito internacional baste citar como hechos más destacados la Primera Guerra Mundial entre 1914 y 1918 (de la que España se mantuvo al margen), la Revolución rusa de 1917 (que supuso la creación del primer Estado de orientación comunista) y la gran crisis económica de 1929 (que reflejó la importancia de la economía de los Estados Unidos de América para el resto del mundo). En fin, que el entorno tampoco ayudaba a estabilizar la situación española.

Mientras que la política enlazaba una crisis tras otra, la vida cotidiana era de una dureza extrema. En el campo eran todavía frecuentes las hambrunas. Las reformas agrarias, prometidas una y otra vez por los políticos, nunca llegaron. En las ciudades, la situación no parecía mucho mejor: las infraviviendas se extendían por los arrabales para dar cabida a una población que en los treinta primeros años del siglo había pasado de dieciocho a veinticuatro millones de habitantes.

Con el desarrollo de la industria, la aristocracia pasa a un segundo plano en favor de la emergente burguesía. La banca, dirigida por familias como March o Ibarra, se convierte en un fuerte grupo de presión social. El proletariado no se queda atrás: la concentración de trabajadores en fábricas y las precarias condiciones laborales dieron lugar a la creación y desarrollo de los sindicatos (como la Unión General de Trabajadores) y los partidos políticos de orientación marxista (como el Partido Socialista Obrero Español y el Partido Comunista de España).

El decimonónico movimiento romántico había despertado los sentimientos nacionalistas. Principalmente en el País Vasco y Cataluña se desarrolla una fuerte conciencia regional, apoyada por la pujanza de sus respectivas economías.

Los autores en los que nos vamos a centrar nacen entre 1864 y 1875. Su sensibilidad crece, por tanto, entre el desánimo, la frustración y el fracaso. La relación de acontecimientos que hemos hecho hasta aquí obedece a un único fin: describir los sentimientos con respecto a España que comparten todos ellos. El Desastre del 98 no es más que una anécdota, pero se produce cuando ellos alcanzan la madurez, y de ahí que lo tomaran como eje referencial. Lope de Vega, Góngora, Quevedo y Cervantes escriben mientras que el Imperio español inicia su decadencia; Unamuno, Baroja, Maeztu, *Azorín*, Machado y Valle-Inclán desarrollan su labor literaria cuando el Imperio toca a su fin; quizá no sea sólo una coincidencia.

Tres nombres propios

El pensamiento de tres intelectuales de enorme talla modificó el devenir del siglo XX. Sus ideas recorren, de una u otra foma, por afirmación o negación, todos los planteamientos vitales de este siglo.

A lo largo del siglo XIX, el desarrollo de la técnica hace que triunfe el positivismo como manera de entender el mundo. Es decir, la experimentación se convierte en el único elemento que puede dar por válida cualquier hipótesis. Pero es ese mismo avance técnico el que propicia que se tambaleen los viejos e inamovibles principios científicos. La teoría de la relatividad de Einstein pone fin a los dogmas científicos y supera las estrechas miras positivistas.

Marx teoriza acerca de las relaciones entre el proletariado y la burguesía. Conceptos como el de plusvalía, lucha de clases o dictadura del proletariado arraigan de tal forma en las sociedades europeas que hoy sería difícil imaginarse una estructura social totalmente ajena a los sindicatos. Piensa, por ejemplo, que la política internacional europea de la segunda mitad del siglo XX se ha centrado en las relaciones entre lo que se llamó Europa del Este, formada por repúblicas marxistas, y las democracias occidentales.

La obra de Freud supuso un nuevo enfoque en la concepción del hombre. La indagación sobre una realidad profunda en el propio ser humano abrió las puertas de lo onírico, del mundo de los sueños, como forma de conocimiento. El subconsciente se incorpora a la esencia del ser. Las teorías psicoanalíticas permiten entender la realidad desde posiciones que van mucho más allá del positivismo.

Estas tres líneas de pensamiento fueron calando poco a poco en el sentir de las personas y en el devenir de los acontecimientos.

ESCRIBIR A PRINCIPIOS DEL SIGLO XX

EN ningún otro período histórico el torbellino de novedades ha marcado tanto la existencia diaria como en éste. Con la llegada del nuevo siglo y la extensión de la Revolución Industrial, la vida cotidiana experimenta cambios importantes. Pongamos algunos ejemplos. El transporte, que antes se hacía exclusivamente mediante tracción animal, incorpora el ferrocarril como medio con una velocidad y una capacidad de carga antes desconocidas; además, son los tiempos heroicos de la aviación (que se desarrolló con rapidez en la Primera Guerra Mundial) y de los automóviles.

La fotografía alcanza tal grado de perfección que los artistas plásticos no pueden ya limitarse a plasmar como único objetivo la realidad de manera fidedigna. Recuerda que también es la época de las vanguardias y de pintores como Picasso o Juan Gris.

En el terreno de los entretenimientos, un invento viene a modificar las preferencias de los espectadores: es el cinematógrafo. La zarzuela, el circo y el teatro encuentran un serio competidor en los cines. Poco a poco van proliferando salas de proyección por todo el país, a la vez que se cierran teatros y los circos pasan a ser espectáculos marginales.

El oficio de escritor también se ve alterado por los avances de la técnica. Desde tiempos inmemoriales, los escritores se habían valido de una pluma de ave que mojaban en un tintero. A mediados del siglo XIX se sustituye la punta por un plumín metálico, hecho que permitía mantener el mismo trazo sin estar tan pendiente de su mayor o menor apertura, aunque era preciso seguir mojando en el tintero. Con el siglo XX llega la revolucionaria pluma estilográfica: la facilidad para llevarla de un lugar a otro (sin necesidad de acarrear también el tintero) y la posibilidad de escribir seguidas un buen número de cuartillas cambiaron el acto físico de la escritura. Bien es cierto que los sastres y los tintoreros agradecieron tanto el invento como los escritores, y es que con una enorme facilidad las plumas vaciaban sus depósitos de tinta en los trajes de donde iban prendidas.

No sólo las plumas estilográficas modificaron los hábitos de la escritura. Por las mismas fechas aparecieron las primeras máquinas de escribir. Sin embargo, la mayor parte de creadores preferían emplear las estilográficas, gracias a que con ellas podían trabajar en los cafés, auténticos centros de la vida literaria.

Las tertulias

De todo lo divino y lo humano. No había tema que no se sometiera a debate en las tertulias. Aunque no se pueda fechar el inicio de las tertulias como tales (siempre han estado presentes en tabernas y plazas públicas), se puede decir que es en el siglo XVIII cuando adquieren un auge especial. Desde entonces no habían hecho otra cosa que crecer en número.

Los fuertes debates artísticos, sociales y políticos que marcaron el devenir de los acontecimientos de finales del XIX y principios del XX sirvieron de acicate para intercambiar puntos de vista. Y nada mejor que hacerlo en torno a una taza de café o una copa. Los problemas se «arreglaban» mientras se sometían a análisis los defectos patrios; al final, tras las acaloradas discusiones, un largo paseo solía poner fin a las disputas.

Los escritores noventayochistas no sólo participaron, sino que fueron los grandes animadores de las veladas. Baroja describió las tertulias en innumerables novelas y también se refirió a ellas en los siguientes términos: «Había tertulias que eran un muestrario de tipos raros, que se iban sucediendo: literatos, periodistas, aventureros, policías, curas de regimiento, cómicos, anarquistas; todo lo más barroco de Madrid pasaba por ellas.»

Valle-Inclán y Benavente presidían la del Café de Madrid; la frecuentaban Rubén Darío, Maeztu y Ricardo Baroja. Poco después, Benavente y sus seguidores se fueron a la Cervecería Inglesa, mientras que Valle-Inclán, junto con los hermanos Machado, *Azorín* y Pío Baroja, entre otros, tomaban el Fornos como lugar de encuentro. El ingenio de Valle-Inclán le llevó después a presidir la del Lion d'Or y la del Nuevo Café de Levante, sin duda alguna la que congregó mayor número de participantes.

La vida entera pasaba por estas tertulias, en las que nada se solucionaba. Los jóvenes noventayochistas encontraron en ellas un espacio para intercambiar puntos de vista, para crecer intelectualmente, aunque al final todo se quedara reducido a un mero ejercicio de estilo. Los intelectuales de la época no solían hacer mucho más.

Intelectuales y bohemios

A propósito de los intelectuales, Unamuno afirmó: «De cada veinte veces que se habla de intelectuales, las diecinueve se trata de literatos, de meros literatos, autores de poesías, dramas o novelas...» Y es que con demasiada frecuencia se confundía a los intelectuales con los bohemios.

Los bohemios solían llevar melenas, tenían largas barbas y se situaban en contra de cualquier poder establecido. La libertad y la amistad eran sus banderas. Constituían todos ellos una tribu juerguista, rebelde, pobre y cosmopolita. Las autoridades competentes solían definirlos con otras palabras, más cercanas al desorden, la vida irregular y la amoralidad.

Enfrente de ellos se puede situar a los intelectuales. El desarrollo de las tecnologías propició la aparición de unas personas cuyos conocimientos permitían la creación de carreteras, barcos, túneles, automóviles, etc. Son los ingenieros, prototipos del intelectual positivista. Y junto a ellos, médicos, oficiales de artillería e industriales de diverso tipo. Constituían la masa gris que permitiría con mejor o peor fortuna el desarrollo económico del país. Al lado de éstos, los intelectuales eran también los pensadores que, como Unamuno, proponían la renovación de las estructuras con el fin de solucionar los problemas que planteaba la sociedad de la época.

Sin embargo, ni los intelectuales llegaron nunca a proponer un proyecto social viable, ni los bohemios dejaron nunca de criticar los poderes desde cualquier periódico o libro.

Las editoriales y la prensa

Para los jóvenes inconformistas, la letra impresa era un medio valiosísimo para propagar sus ideas. El folleto, la prensa o el libro tenían, para ellos, mayor poder de persuasión que el discurso o la manifestación porque les acercaban a un número más elevado de personas.

Las revistas permitían a los escritores una doble posibilidad: difundir con rapidez sus ideas y cobrar el dinero de sus artículos. Así, se agruparon en torno a revistas como *Don Quijote* (1892-1902), *Germinal* (1897-1899), *Juventud* (1901-1902), *Helios* (1903-1904) y *El Alma Española* (1903-1904). Todas ellas tuvieron vidas muy cortas, pero sirvieron al propósito de difundir el sentir de los articulistas. En *Don Quijote,* por ejemplo, colaboran *Los Tres* (Baroja, *Azorín* y Maeztu) junto con Valle-Inclán y Manuel Machado. La revista *Germinal* publica en un artículo sin firma de 1899: «España no ha muerto; tiene conciencia de sus dolores. Sufre, luego existe. [...] Colosal ha sido la catástrofe, rudo y cruento el golpe. [...] Sobre el campo desolado de la patria debemos arrojar con brío persistente la semilla de la vida nueva.» Como puedes ver, el sentir noventayochista encuentra en las revistas sus mejores órganos de difusión.

El enorme incremento de revistas de todo tipo a principios de siglo (se pasa de las 1.347 de 1900 a las 1.980 de 1913) permite a los autores subsistir económicamente, ya que, en proporción, se cobraba más dinero por un artículo que por un libro.

La literatura se encontraba estrechamente relacionada con la prensa: la forma más habitual de difundir un libro era a través de las llamadas «bibliotecas» y «colecciones», que crecían al amparo de las publicaciones periódicas. No pocas obras de Galdós (entre ellas las diferentes series de los *Episodios Nacionales*) o Valle-Inclán vieron así la luz. Los libros eran un bien escaso y caro a principios de siglo; además, piensa que del total de la población, cerca de dos tercios era analfabeta, y para la mayor parte del tercio alfabetizado era más asequible (por precio y nivel de comprensión) la publicación periódica.

LA SEGUNDA EDAD DE ORO

Un momento boyante

Como ya dijimos, en el primer tercio de siglo conviven un buen número de literatos cuya calidad es excepcional. La confluencia de varios movimientos, o grupos literarios, muy distintos entre sí, a la vez que muy heterogéneos dentro de cada uno de ellos, produjo obras de gran trascendencia para la literatura posterior. A continuación repasaremos someramente las principales orientaciones literarias.

La literatura realista y naturalista, que encuentra sus mejores momentos a finales del siglo XIX, continúa hasta bien entrado el XX. Benito Pérez Galdós, la condesa de Pardo Bazán, Clarín o Vicente Blasco Ibáñez, por ejemplo, propagaban en sus novelas su visión literaria, anclada en la descripción minuciosa de su entorno más inmediato.

Enfrente de la literatura realista podemos agrupar a unos escritores nacidos entre 1870 y 1880, y cuyo nexo común se cifra en el rechazo a las formas realistas decimonónicas. Nos estamos refiriendo al modernismo y la generación del 98, y a escritores como Unamuno, Darío, Baroja, Maeztu, los hermanos Machado, *Azorín*... Más adelante veremos hasta dónde y en qué difieren estos movimientos.

El novecentismo fue, en cierta medida, una variante suavizada de la generación del 98. El mayor contacto con la cultura europea y el tono más intelectual marca la obra de escritores como José Ortega y Gasset, Eugenio d'Ors, Gabriel Miró o Ramón Pérez de Ayala. (Algunos críticos incluyen a Juan Ramón Jiménez en este grupo, otros lo adscriben al modernismo. Parece que la obra de este poeta se encuentra muy por encima de estrechas clasificaciones.)

Los más jóvenes, nacidos a finales del XIX, aportaron una visión revolucionaria y vanguardista del arte. Surrealismo, futurismo, creacionismo, ultraísmo... fueron algunas de las corrientes en las que se apoyaron para mostrar su mundo inconformista y rebelde. Grandes genios, como Federico García Lorca, Luis Cernuda, Vicente Aleixandre, Jorge Guillén o Rafael Alberti, participaron en la denominada Generación del 27. En ningún otro momento de nuestra historia literaria se había producido una concentración tal de poetas de tanta calidad.

Como puedes observar, fue uno de esos períodos irrepetibles. El afán por crear se sobreponía a corrientes literarias de uno u otro signo. La cruel guerra de 1936 acabó con todo. La salida del país de Juan Ramón Jiménez, Luis Cernuda, Rafael Alberti y muchísimos otros; el exilio interior de Dámaso Alonso, Pío Baroja o Vicente Aleixandre, y las muertes de Federico García Lorca, Miguel de Unamuno, Miguel Hernández y Antonio Machado, por ejemplo, lograron acabar con un momento literario muy especial.

La generación del 98

Joaquín Costa y un grupo de personas notables, conocidas como regeneracionistas, reclamaban cambios en los diferentes ámbitos que mantenían a España como un país muy atrasado con respecto al resto de Europa. La reforma de la agricultura, de la educación y de la economía eran su meta. El lema «despensa y escuela», que venía a significar la necesidad de modernizar las estructuras económicas y educativas, fue bien conocido en la época. Los escritores regeneracionistas fueron los antecedentes inmediatos de la generación del 98. Pero mientras que aquéllos proponían «regenerar» el país, los jóvenes noventayochistas abogaban por posturas revolucionarias.

Azorín afirmó en su artículo titulado «La generación del 98» (puedes leer el final del fragmento en el apartado dedicado a *Azorín*): «Un espíritu de protesta, de rebeldía, animaba a la juventud de 1898. Ramiro de Maeztu escribía impetuosos y ardientes artículos en los que se derruían los valores tradicionales y se anhelaba una España nueva, poderosa. Pío Baroja, con su análisis frío, reflejaba el paisaje castellano e introducía en la novela un hondo espíritu de disociación; el viejo estilo rotundo, ampuloso, sonoro, se rompía en sus manos y se transformaba en una notación algebraica, seca, escrupulosa. Valle-Inclán, con su altivez de gran señor, con sus desmesuradas melenas, con su refinamiento del estilo, atraía a los escritores novicios y les deslumbraba...» Quédate con esta sensación de rebeldía, de melenudos contestatarios (aunque sólo Valle-Inclán llevara melena).

En general, cuando hablamos de la generación del 98 nos referimos a un grupo de escritores nacidos entre 1864 y 1875 a los que unía un fuerte sentimiento de frustración por la forma en que se habían liquidado los últimos vestigios del Imperio español. Compartían las ideas del pensador alemán Arthur Schopenhauer (1788-1860), basadas en el pesimismo desencantado que provoca la angustia vital, y el rechazo a la literatura de corte realista. Además, un estilo alejado del recargamiento barroco y nada retórico marca la obra de todos ellos.

En febrero de 1901 rinden homenaje a Larra y ante su tumba leen un discurso y depositan ramos de violetas. Del escritor romántico tomaron su rebeldía y ese sentimiento de dolor por España.

Tras la pérdida de Cuba y Filipinas trataban de encontrar la esencia de lo español. Volvieron su vista a Castilla, a pesar de no haber nacido ninguno de ellos allí. En el paisaje castellano buscaban las raíces del pueblo español y una especie de retorno a la autenticidad. Les interesaba la realidad de las gentes sencillas, los sentimientos de las personas humildes que con su trabajo cotidiano dan vida a los pueblos; rechazaban, por contra, la historia oficial, cuajada de reyes y gobernantes.

La religión fue una de las grandes preocupaciones de los escritores noventayochistas. A la vez que criticaban a la jerarquía de la Iglesia se dirigían a Dios, angustiados, preguntándole por la vida y la muerte. Las preocupaciones existenciales son recurrentes en las obras de casi todos ellos.

Modernismo y 98

El modernismo es un movimiento literario que coexiste con los autores de la generación del 98. Los modernistas también participan de la crítica situación española, del desastre colonial, del rechazo de las formas realistas... Pero, a diferencia de los noventayochistas, empeñados en despertar la conciencia nacional, los escritores modernistas adoptan una actitud evasiva. Mientras que el 98 propone una reacción política y social (preconiza una literatura al servicio de las ideas), el modernismo se orienta hacia la búsqueda de una belleza formal muy alejada de la realidad.

Estas clasificaciones se deben entender como compartimientos que nos ayudan a comprender determinadas tendencias. Sin embargo, si se profundiza en las personas, en los escritores, es fácil darse cuenta de que no se encuadran exclusivamente en uno u otro grupo. Las personas, con el paso del tiempo, van adoptando diferentes actitudes ante la vida, y así, no es difícil poner ejemplos de autores que en su más temprana juventud se orientaron decididamente hacia el modernismo para, con la madurez, acercarse a las posturas noventayochistas.

La crítica más reciente prefiere hablar de un único movimiento con dos tendencias distintas dentro de él. Se entiende que modernistas y noventayochistas no son más que las dos caras de una misma moneda. Y es muy probable que así sea, aunque esta postura no debe ser un obstáculo para estudiar las coincidencias que plantean las obras de la media docena de autores conocidos como noventayochistas.

Integrantes de la generación del 98

No hay unanimidad sobre quiénes integran la generación. Por ejemplo, *Azorín,* que fue el primero en referirse a este grupo generacional, incluyó a Unamuno, Maeztu, Baroja, Valle-Inclán, Rubén Darío y Benavente (y a sí mismo, claro). Desde entonces ha habido opiniones para todos los gustos: desde Baroja, que no se sentía partícipe, hasta quien ha incluido a Ortega y Gasset o Blasco Ibáñez.

Nosotros vamos a tomar a aquellos que no ofrecen ningún tipo de duda: Unamuno, Baroja, *Azorín* y Maeztu son el núcleo de la generación. A ellos hay que añadir parte de la obra de Antonio Machado y Valle-Inclán, que empezaron siendo claramente modernistas para evolucionar hacia posturas noventayochistas. Además, Ángel Ganivet, que murió en 1898, fue el precursor de la generación.

Durante su juventud, los cuatro integrantes principales de la generación del 98 adoptaron posturas radicales: Unamuno y Ramiro de Maeztu se declaraban socialistas, mientras que Baroja y *Azorín* se decantaban por el anarquismo. Con el paso del tiempo estas posturas fueron suavizándose. En 1901, el grupo de *Los Tres*, integrado por Baroja, *Azorín* y Maeztu, difunde un manifiesto en el que señalan la necesidad de recuperar la atmósfera moral perdida: se encuentran ya más cerca del reformismo regeneracionista que de sus revolucionarias ideas juveniles. El escaso eco del manifiesto les lleva a tomar caminos más conservadores e individualistas. El caso de Machado y Valle-Inclán es más curioso, en tanto que desde posturas más o menos conservadoras llegan, en su madurez, a posiciones muy radicales.

La literatura noventayochista

Muy difícilmente podríamos imaginarnos el actual panorama literario sin la contribución de los escritores del 98. Cultivaron todos los géneros y en todos ellos aportaron novedades trascendentales.

En la prosa alcanzaron sus mayores logros. El ensayo vive su momento dorado. La novela, que había alcanzado altísimas cotas con la literatura realista (baste con citar a Galdós o *Clarín*), sufre una auténtica revolución. Personajes que hablan con sus autores, rupturas temporales, protagonistas colectivos..., en fin, un universo literario nuevo.

En los dramas hubo muchos intentos fallidos de renovación, pero la excepcional aportación de Valle-Inclán fue determinante. Con la creación de los esperpentos, el teatro español encuentra nuevas vías de expresión.

La poesía de Unamuno y Valle-Inclán, con frecuencia marginada, es excelente. Pero Antonio Machado se alza como uno de los poetas españoles más importante de todos los tiempos.

Como puedes ver, es un grupo de escritores muy especial a los que une, entre otras cosas, un estilo nada recargado y unas fuertes dosis de subjetividad.

Los noventayochistas, hoy

A pesar de los avatares de las modas literarias, que han propiciado más la lectura de unos u otros autores, cada uno de ellos ha corrido diferente suerte.

Cien años después de la aparición de las principales obras de Ángel Ganivet, apenas queda rastro de su obra en las librerías. La pérdida de lectores que ha sufrido el género ensayístico, unida a la excesiva carga ideológica que plantean sus novelas, le han hecho perder el favor del público. Algo parecido le ha sucedido a Ramiro de Maeztu, aunque éste tuvo momentos brillantes en los años cuarenta y cincuenta; a pesar de ello, hoy es casi imposible encontrar cualquiera de sus obras en las tiendas de libros.

El caso de *Azorín* es curioso, en tanto que sin ser un autor demasiado leído goza de un enorme prestigio, lo que hace que podamos encontrar sin demasiada dificultad sus obras.

Si nos acercamos a una librería y pedimos algunas de las novelas más famosas de Baroja y Unamuno, nos las van a servir sin excesivos problemas. Su inclusión en los planes de estudio les ha dado el espaldarazo que necesitaban para no quedar arrinconadas en las estanterías. El aprecio por la obra de Baroja ha sufrido grandes vaivenes, aunque suele predominar la corriente que encuentra en sus novelas unas enormes dosis de actualidad. Unamuno, siempre más apreciado fuera de España que en su propia tierra, presenta para el lector de hoy la dificultad de tener una más que notable obra ensayística y poética, apenas valoradas por ser en la actualidad géneros marginales en los gustos de los lectores.

Según se dé más importancia a los aspectos formales o a los contenidos, baja o sube la cotización literaria de Antonio Machado, quien, de cualquier forma, mantiene una enorme vigencia. La musicalización de varios de sus poemas por cantantes como Paco Ibáñez, Hilario Camacho o Joan Manuel Serrat ha contribuido a superar el ostracismo al que quiso condenarlo el régimen del general Franco.

Las excentricidades de Valle-Inclán y el descaro con el que se había enfrentado a los poderes establecidos hicieron que sus obras apenas circularan por España hasta los años setenta (al igual que las de Antonio Machado, estaban prohibidas por la censura franquista). Con la recuperación de las libertades democráticas, la obra de Valle-Inclán se revalorizó considerablemente, hasta el punto de que con frecuencia podemos encontrarla en los escenarios. Sus novelas, al margen de las *Sonatas*, no han tenido la misma fortuna.

Un siglo después del Desastre del 98 y algo menos de la publicación de los principales libros que contribuyeron a acuñar el término de «generación del 98», estas obras siguen siendo motivo de estudio preferente en las universidades, y las personas aficionadas a la lectura reconocen en sus autores grandes méritos literarios.

PARA LEER MÁS

NUESTRA primera recomendación de lectura se centra en las obras de donde se han extraído los fragmentos que componen esta selección. Nada mejor que acudir a los textos completos para entender a estos autores. Además, puedes recurrir a las siguientes obras:

FIGUERO, Javier, y SANTA CECILIA, Carlos G.: *La España del Desastre,* Barcelona, Plaza y Janés, 1997.

Para conocer con más detalle, día a día, los sucesos que tuvieron lugar en 1898 puedes leer este recentísimo libro, que narra día a día y con todo lujo de detalles los sucesos que jalonaron el año del Desastre. Cuenta a su favor con estar escrito desde una perspectiva divulgativa y periodística, además de su actualización.

ABELLÁN, José Luis: *Historia del pensamiento español, VI. La crisis contemporánea (1875-1936),* Madrid, Espasa Calpe, 1989.

Para comprender mejor la mentalidad imperante en la época puedes recurrir a esta obra. Su lectura es imprescindible para adentrarse en los entresijos que provocaron la aparición del pensamiento finisecular.

SALINAS, Pedro: *Literatura Española siglo XX,* Madrid, Alianza Editorial, 1996.

El poeta y profesor da un amplio repaso a los principales hitos de la literatura del siglo XX. De los artículos dedicados a la generación del 98 destaca muy especialmente aquel en el que aplica el método de las generaciones literarias a este grupo de escritores. Hoy es una obra muy contestada, aunque resiste con gran dignidad el paso de los años (el artículo al que nos hemos referido está escrito en 1935).

SHAW, Donald L.: *La generación del 98,* Madrid, Cátedra, 1985.

Libro de cabecera durante muchos años, hoy es, junto con la obra de Salinas, el punto de partida para criticar el concepto de generación aplicado a los noventayochistas. Sin embargo, su calidad es tanta que sigue siendo imprescindible.

RULL FERNÁNDEZ, Enrique: *El modernismo y la generación del 98,* Madrid, Playor, 1989.

Mucho más asequible y reciente que los dos libros anteriores, tiene como ventaja dar una visión panorámica de la generación. Además, incluye comentarios de texto y pequeños estudios sobre los aspectos más significativos de cada autor.

BERNAL MUÑOZ, José Luis: *¿Invento o realidad? La generación española de 1898,* Valencia, Pre-Textos, 1996.

Hace un análisis de la generación del 98 casi cien años después de sus inicios. Interesa especialmente por aportar una visión de conjunto, al margen de modas literarias. Muy recomendable y ameno.

MAINER, José Carlos: «Modernismo y 98. Primer suplemento», *Historia y crítica de la literatura española,* volumen 6/1; Barcelona, Crítica, 1994.

Seguramente lo vas a encontrar muy elevado de nivel, pero si quieres estar a la última, ésta es tu obra. Ofrece la ventaja de no precisar una lectura completa y continuada.

BAROJA, Ricardo: *Gente del 98. Arte, cine y ametralladora,* Madrid, Cátedra, 1989; edición de Pío Caro Baroja.

Muy alejada de la obra anterior, aquí puedes encontrar anécdotas y sucesos muy divertidos y contados en forma de artículo. El autor fue, junto con Valle-Inclán, uno de los mayores animadores de las tertulias de la época.

También son muy interesantes las monografías de la colección Biblioteca Básica de Literatura, de la editorial Anaya. Es preciso destacar especialmente: BASANTA, Ángel: *Baroja o la novela en libertad*; SENABRE, Ricardo: *Antonio Machado y Juan Ramón Jiménez: poetas del siglo XX*; PONTE, José Antonio: *Renovación de la novela en el siglo XX: del 98 a la Guerra Civil*; MIÑAMBRES, Nicolás: *Valle-Inclán y García Lorca en el teatro del siglo XX.*

En cualquiera de las obras citadas podrás encontrar bibliografía sobre cada autor, que evitamos darte aquí por no hacer inacabable este repertorio.

ANTES DE EMPEZAR

La selección de textos se ha hecho en función de su adecuación a las líneas directrices de la generación. Hemos preferido centrar esta obra exclusivamente en el sentir noventayochista, por encima de las individualidades (enormes, por otra parte).

Siempre que hemos podido, hemos seleccionado un artículo o un capítulo completo para facilitar la comprensión del texto. Cuando no ha sido posible, hemos buscado un fragmento con un claro sentido unitario.

En algunos casos te vas a encontrar con textos cuya lectura no es especialmente fácil. No te preocupes: importa más captar el sentido, comprender el espíritu, que conocer el último significado de la última palabra.

Los textos se han tomado de los libros que aparecen citados a continuación. Sólo hemos modificado pequeños detalles ortográficos o de puntuación necesarios en una edición didáctica. Desde aquí, nuestro más sincero agradecimiento a todas las personas que han colaborado en ellos.

Ángel Ganivet:

— Idearium español, *Madrid, Biblioteca Nueva, 1996.*

— Los trabajos del infatigable creador Pío Cid, *Madrid, Aguilar, 1987.*

Miguel de Unamuno:

— En torno al casticismo, *Madrid, Espasa Calpe, 1991; edición de Luciano González Egido.*

— Vida de Don Quijote y Sancho, *Madrid, Cátedra, 1988; edición de Alberto Navarro.*

— Del sentimiento trágico de la vida, *Barcelona, Sarpe, 1985.*

— Niebla, *Madrid, Castalia, 1995; edición de Armando F. Zubizarreta.*

— Abel Sánchez, *Madrid, Cátedra, 1995; edición de Carlos A. Longhurst.*

— San Manuel Bueno, mártir. Cómo se hace una novela, *Madrid, Alianza Editorial, 1974.*

— Antología poética, *Madrid, Espasa Calpe, 1992; edición de Roberto Paoli.*

Pío Baroja:

— Aventuras, inventos y mixtificaciones de Silvestre Paradox, *Madrid, Espasa Calpe, 1989; edición de Inman Fox.*

— La busca, *Madrid, Caro Raggio, 1995.*

— Zalacaín el aventurero, *Madrid, Espasa Calpe, 1994; edición de Ricardo Senabre.*

— Las inquietudes de Shanti Andía, *Madrid, Cátedra, 1994; edición de Julio Caro Baroja.*

— El árbol de la ciencia, *Madrid, Cátedra, 1986; edición de Pío Caro Baroja.*

José Martínez Ruiz, Azorín:

— Los pueblos; Castilla, *Barcelona, Planeta, 1992; edición de José Luis Gómez.*

— Clásicos y modernos, *Buenos Aires, Losada, 1971.*

— La ruta de Don Quijote, *Madrid, Cátedra, 1988; edición de José M.ª Martínez Cachero.*

— La voluntad, *Madrid, Castalia, 1989; edición de E. Inman Fox.*

Ramiro de Maeztu:

— Hacia otra España, *Madrid, Rialp, 1967.*
— Don Quijote, Don Juan y La Celestina, *Madrid, Espasa Calpe, 1981.*

Ramón María del Valle-Inclán:

— Luces de bohemia, *Madrid, Espasa Calpe, 1993; edición de Alonso Zamora Vicente.*
— Martes de carnaval *(incluye* Las galas del difunto, Los cuernos de don Friolera *y* La hija del capitán), *Madrid, Espasa Calpe, 1992; edición de Jesús Rubio Jiménez.*
— Tirano Banderas, *Barcelona, Planeta, 1994; edición de Juan Rodríguez.*
— La corte de los milagros, *Madrid, Espasa Calpe, 1990; edición de José M.ª García de la Torre.*
— Claves líricas *(incluye los tres libros de poemas de Valle), Madrid, Espasa Calpe, 1995; edición de José Servera Baño.*

Antonio Machado:

— Campos de Castilla, *Madrid, Cátedra, 1995; edición de Geoffrey Ribbans.*
— Poesías completas, *Madrid, Espasa Calpe, 1988; edición de Manuel Alvar.*
— Juan de Mairena, *Madrid, Cátedra, 1995; edición de Antonio Fernández Ferrer.*

TEXTOS
DEL 98

ÁNGEL GANIVET
el adelantado

Su temprana muerte, a los treinta y tres años de edad, nos privó de una de las voces más personales y rotundas de finales del siglo pasado; además, ha hecho que la mayor parte de la crítica le sitúe como precursor de la generación del 98 cuando, en realidad, era un año menor que Unamuno, con quien le unía una gran amistad.

Nació en Granada en 1865. Con veinticuatro años, ya licenciado en Filosofía y Letras, se traslada a Madrid para iniciar su casi oficio de opositor. Tras ganar varias oposiciones, consigue una plaza en el Cuerpo Consular, por lo que sucesivamente fija su residencia en ciudades como Amberes, Helsingfors (Finlandia) y Riga (Letonia). En 1898 se suicida arrojándose a las heladas aguas del río Dwina.

Ganivet tenía una formación universitaria, con las licenciaturas en Filosofía y Letras y en Derecho, un profundo conocimiento de lenguas extranjeras y una enorme cultura (conocía en profundidad, por ejemplo, la literatura nórdica y los sistemas filosóficos griegos), muy poco frecuentes en la época. Quizá esta misma altura intelectual, sólo equiparable a la de Unamuno, le llevara a un profundo individualismo.

Obra

La breve obra de Ganivet ya anunció lo que sería la producción de una buena parte de los autores de su época. De él se ha dicho que sus ensayos se encuentran en sintonía y a la altura de los de Unamuno; que Pío Cid, su héroe novelesco, anticipa al barojiano Silvestre Paradox; que la sensibilidad que pone en las descripciones paisajísticas preparan las de *Azorín*.

Idearium español (1896) recoge su postura sobre la posición moral de España: analiza los problemas históricos del «alma española» y propone la necesidad de reconstruir el carácter nacional a partir de la tradición. Es, sin duda, su ensayo más logrado y una de las obras que se suelen esgrimir para restar importancia a la pérdida de Cuba y Filipinas en la aparición del sentir noventayochista (fíjate en que la obra está escrita dos años antes del Desastre).

Con *La conquista del reino maya, por el último conquistador español, Pío Cid* (1897) y *Los trabajos del infatigable creador Pío Cid* (1898) presenta de nuevo, ahora de forma novelada, su intento de reformar la sociedad española a través de la difusión de sus ideas regeneradoras. La segunda de las novelas citadas es muy interesante para conocer la vida y opiniones de la época; en esta obra, Ganivet encarna el personaje de Pío Cid, mientras que Pepe Orellana no es otro que su íntimo amigo Miguel de Unamuno.

Menor interés que las hasta aquí citadas tienen *Granada la bella* (recreación nostálgica de su ciudad natal), *Cartas finlandesas* (donde se recogen las costumbres de aquel país) y *El escultor de su alma* (una pieza dramática en verso).

IDEARIUM ESPAÑOL

*C*OMO *te decíamos, éste es uno de los textos más significativos para restar importancia a la pérdida de las colonias como detonante de la sensibilidad noventayochista. Su temprana publicación sirvió para enlazar el sentir de los regeneracionistas con los entonces jóvenes escritores del 98.*

Se puede decir que Idearium español, *junto con* En torno al casticismo *(1895), de Unamuno, es el primer libro contemporáneo que aborda el tema de España como problema. A medida que recorras los diferentes autores, podrás apreciar su visión pesimista de España.*

Ganivet divide el libro en tres partes. La primera la dedica a examinar los elementos básicos que han definido el carácter nacional; a una inclinación individualista se añade un espíritu religioso y artístico enmarcado en una situación geográfica que permite las invasiones tanto por el Norte como por el Sur. En la segunda parte se ocupa de estudiar las posibilidades de la política exterior española para proponer un «retraimiento» que permita la concentración en mejorar la vida entera de España. En la última parte, a la que pertenecen los textos que te ofrecemos a continuación, aborda el porvenir de España y las posibilidades espirituales de desarrollo.

* * *

Si yo fuese consultado como médico espiritual para formular el diagnóstico del padecimiento que los españoles sufrimos (porque padecimiento hay y de difícil curación), diría que la enfermedad se designa con el nombre de «no querer», o en términos más científicos por la palabra griega «aboulía», que significa eso mismo, «extinción o debilitación grave de la voluntad»; y la sostendría, si necesario fuera, con textos de autoridades y examen de casos clínicos muy detallados, pues desde Esquirol y Maudsley hasta Ribot y Pierre Janet hay una larga serie de médicos y psicólogos que han estudiado esta enfermedad, en la que acaso se revela más claramente que en ninguna otra el influjo de las perturbaciones mentales sobre las funciones orgánicas.

Hay una forma vulgar de la abulia que todos conocemos y a veces padecemos. ¿A quién no le habrá invadido en alguna ocasión esa perplejidad del espíritu, nacida del quebranto de fuerzas o del aplanamiento consiguiente a una inacción prolongada, en que la voluntad, falta de una idea dominante que la mueva, vacilante entre motivos opuestos que se contrabalancean, o dominada por una idea abstracta, irrealizable, permanece irresoluta, sin saber qué hacer y sin determinarse a hacer nada? Cuando tal situación de pasajera se convierte en crónica, constituye la abulia, la cual se muestra al exterior en la repugnancia de la voluntad a ejecutar actos libres. En el enfermo de abulia hay un principio del movimiento, que demuestra que la voluntad no se ha extinguido en absoluto; pero ese movimiento actúa débilmente y rara vez llega a su término. No es un movimiento desordenado que pueda ser confundido con los del atáxico[1]: hay en un caso debilidad, y en otro falta de coordinación; y tanto es así,

---

[1] *atáxico:* persona afectada por perturbaciones del sistema nervioso que le provocan movimientos desordenados.

que en la abulia, fuera de los actos libres, los demás, los psicológicos, los instintivos, los producidos por sugestión, se realizan ordenadamente.

Los síntomas intelectuales de la abulia son muchos: la atención se debilita tanto más cuanto más nuevo o extraño es el objeto sobre el cual hay que fijarla; el entendimiento parece como que se petrifica y se incapacita para la asimilación de ideas nuevas: sólo está ágil para resucitar el recuerdo de los hechos pasados; pero si llega a adquirir una idea nueva, falto de contrapeso de otras, cae de la atonía en la exaltación, en la «idea fija» que le arrastra a la «impulsión violenta».

En las enfermedades hay, al lado de los casos típicos, casos similares; en ésta de que aquí se trata, el número de los primeros no es muy crecido, mientras que el de los segundos es abrumador: en España, por ejemplo, hay muchos enfermos de la voluntad, y como consecuencia un estado de «abulia colectiva». Yo no profeso la sociología metafórica que considera las naciones como organismos tan bien determinados como los individuales. La sociedad es sólo una resultante de las fuerzas de sus individuos: según éstos se organicen, podrán producir una acción intensa o débil, o neutralizarse por la oposición, y la obra total participará siempre del carácter de los que concurren a crearla.

El individuo, a su vez, es una reducción fotográfica de la sociedad: la vida individual fisiológica es una combinación de la energía vital interna con las fuerzas exteriores absorbidas y asimiladas; la vida espiritual se desarrolla de un modo análogo, nutriéndose el espíritu de los elementos ideales que la sociedad conserva como almacenados, según la expresión de Fouillée[2]. En este sentido, creo

---

[2] *Fouillée:* 1832-1912. Pensador francés que propone un idealismo de base realista.

yo que es provechosa la aplicación de la psicología individual a los estados sociales, y la patología del espíritu a la patología política.

En nuestra nación se manifiestan todos los síntomas de la enfermedad que padecemos la mayoría de los españoles: realízanse los actos fisiológicos y los instintivos; como funciona el organismo individual para vivir, así trabaja la sociedad para vivir; el trabajo, que es libre para el individuo, para la sociedad es necesario, a menos que se trate de pueblos vagabundos; igualmente el ocultar la riqueza a las investigaciones del fisco es acto social tan instintivo como el de cerrar los ojos ante el amago de un golpe. Los actos que no encontramos son los de libre determinación, como sería el intervenir conscientemente en la dirección de los negocios públicos. Si en la vida práctica la abulia se hace visible en el no hacer, en la vida intelectual se caracteriza por el no atender. Nuestra nación hace ya tiempo que está como distraída en medio del mundo. Nada le interesa, nada la mueve de ordinario; mas de repente una idea se fija, y no pudiendo equilibrarse con otras, produce la impulsión arrebatada. En estos últimos años hemos tenido varios movimientos de impulsión típica producidos por ideas fijas: integridad de la patria, justicia histórica y otras semejantes. Todas nuestras obras intelectuales se resienten de esta falta de equilibrio, de este error óptico; no vemos simultáneamente las cosas como son, puestas en sus lugares respectivos, sino que las vemos a retazos, hoy unas, mañana otras: la que un día estaba en primer término ocultando las demás, al siguiente queda olvidada porque viene otra y se le pone delante.

[...]

La actividad espiritual exteriorizada es un reflejo de la actividad íntima; en el acto de crear, esto es axiomático[3]: ¿cómo concebir que hay un cerebro vacío detrás de la obra genial del sabio o del artista, o un espíritu helado en los transportes de la pasión? Como la falta de apetito material denota una disminución de la actividad digestiva, así también la falta de apetito espiritual, manifestada en la desidia de las facultades que actúan exteriormente, revela una debilitación de esa energía asimiladora interna que los aristotélicos llamaban entendimiento agente y los positivistas sentido sintético, que no es otra cosa que la inteligencia misma funcionando según la ley de asociación. Así pues, la causa de la abulia es, a mi juicio, la debilitación del sentido sintético, de la facultad de asociar las representaciones. En relación con lo pasado, la inteligencia funciona con regularidad, porque la memoria se encarga de reproducir ideas cuya asociación estaba ya formada; pero en relación con lo presente, el trabajo mental, que para los individuos sanos es fácil y agradable, como es fácil y agradable la digestión cuando se come con buen apetito, para los enfermos de no querer es difícil y doloroso; las representaciones suministradas por los sentidos se convierten en datos intelectuales irreductibles, que unas veces, las más, se extinguen sin dejar huella, y otras se fijan penosamente, como agujas clavadas en el cerebro, y producen gravísimas perturbaciones.

---

[3] *axiomático:* evidente, incontrovertible.

LOS TRABAJOS DEL INFATIGABLE
CREADOR PÍO CID

*G**ANIVET** trasladó sus preocupaciones al terreno de la creación novelística, de forma tal que tanto los personajes como las anécdotas se encuentran al servicio de la didáctica: su último fin es presentar cómo se podría salvar a España de la abulia que la invade.*

La concepción novelística que plantea Los trabajos... *es absolutamente noventayochista. El título, la ausencia de acciones consecutivas, el predominio de la ideología sobre la anécdota, la perspectiva autobiográfica y el individualismo del protagonista preparan el marco en el que habría de inscribirse una buena parte de la producción novelística del 98.*

En la novela, continuación como ya hemos dicho de La conquista del reino maya..., *se nos presenta al protagonista, Pío Cid, encargado de reformar espiritualmente España. Una sirvienta, un funcionario, una duquesa..., en fin, la sociedad toda, van recibiendo los consejos del reformador Pío Cid. Pero no pienses que se plantean desde la autosuficiencia o la frivolidad; más bien al contrario, la obra destila un profundo pesimismo, la frustración por no poder cambiar la sociedad.*

A mitad de la novela se encuentra el texto que tienes a continuación. Muestra la conversación de Pío Cid con un maestro, don Cecilio, y el concepto de la enseñanza que tenía Ganivet. Presta especial atención a la situación en la que se encontraban las escuelas de la época (y a la formación que tenían los maestros).

* * *

—Pero ¿qué daño le han hecho a usted esos señores —preguntó Pío Cid— para que tanto encono les tenga?

—Me han hecho —contestó don Cecilio— todo lo que pueden hacer. ¿Qué más que no pagarme el sueldo y tenerme sumido en la miseria en que vivo?

—¿Y qué razón tienen para no pagarle? —preguntó Pío Cid.

—Ninguna —contestó don Cecilio—. Dicen que como no va ningún niño a la escuela, no hace falta maestro. Ya ve usted qué lógica. ¿No van alumnos a la escuela? Oblíguenles a ir, y si no, no tengan maestro; pero mientras lo tengan, páguenle. Esto es claro como la luz del sol.

—Lo que yo no veo tan claro —dijo Pío Cid— es que usted siga en este pueblo. ¿Usted no es de aquí? ¿Tiene familia?

—No, señor —contestó don Cecilio—. Soy hijo de Santafé, y he estudiado en Granada. Pregunte usted por don Cecilio Ciruela, y sabrá si no he sido tan buen estudiante como el primero, y si no he sacado esta escuela a pulso, sin conocer a nadie del Tribunal que juzgó mis oposiciones.

—Pues bien —dijo Pío Cid—, repito que no comprendo que siga usted aquí; comprendería que, si tuviera usted alumnos, siguiera aunque no cobrara, por amor a la pedagogía, y comprendería mejor aún que, si cobrara usted sus haberes, siguiera, aunque no enseñara, por amor al dinero; lo que no me cabe en la cabeza es que esté usted aquí sin enseñar y sin cobrar, porque yo que usted hace tiempo que hubiera cerrado la escuela y me hubiera hecho maestro ambulante.

—¿Qué quiere usted decir con eso? —preguntó don Cecilio, aturdido ante la lógica inexorable de Pío Cid.

—Muy sencillo —contestó Pío Cid—. Ya que no

puedo darle a usted otra cosa, voy a darle algo que para mí vale más que una fortuna; voy a darle una idea.

—¿Cuála? —se apresuró a preguntar don Cecilio.

—Cuál se dice, según la Academia —contestó Pío Cid—, aunque usted hace admirablemente en decir cuála, pues así se dice en nuestra tierra, y además, es muy justo que cuál sea el macho y cuála la hembra. Y ahora voy a explicarle mi pensamiento:

El caso de usted no es único; son muchos los maestros que viven en la miseria, sin que haya remedio para este mal crónico de nuestro país. ¿Qué hacer? Ahondar en este fenómeno y descubrir, como yo he descubierto, que la causa de esa obstinación con que se desatiende al magisterio no es otra que el deseo de transformarlo en instrumento de la regeneración nacional. Supóngase usted, amigo don Cecilio, que todos los maestros de España que se hallan en el caso de usted tuvieran la idea, desesperados ya, de abandonar los pueblos en que no hacen nada útil, dedicarse a recorrer la nación y a esparcir a todos los vientos la semilla de la enseñanza. Esto sería muy español; este profesorado andante haría lo que no ha hecho ni hará jamás el profesorado estable que tenemos. En nuestro país no se estima ni se respeta a quien se conoce, por mucho que valga. Usted sale a la plaza de Seronete, y se pone a predicar en favor de la instrucción o a enseñar algo de lo mucho que debe saber, y es seguro que no le harán caso. Vaya usted por todos los pueblos de la provincia haciendo lo mismo, y verá cómo acuden a escucharle y a favorecerle, quién con dinero, quién con especies. ¿Cómo, dirá usted, es posible que en nuestro siglo subsistan estas formas de enseñanza, que parecen confundirse con la mendicidad? Sí, señor, es posible, y hasta que reaparezcan no adelantaremos un paso. Bajo nuestro cielo puro y diáfano, como el de Grecia, gran parte de la vida requiere aire libre, y nuestro afán de reglamentarla y meterla bajo techado, lejos de fortalecerla, la va aniquilando poco a poco. No hay deshonra en la mendicidad; pero en todo caso, el mendigo es el que pide, sin dar, en cambio, más que un «Dios se lo pague»; el que pide tocando la guitarra y cantando romances es un artista popular, el único artista conocido del pueblo pobre que no va a los teatros, y el maestro que enseña en la plaza pública, como yo aconsejo, sería el maestro nacional por excelencia. No faltarían murmuraciones y críticas de parte de los espíritus pequeños, rutinarios; pero éstos se ensañaron también con los artistas y filósofos que formaron el alma de Grecia y que legaron su nombre a la posteridad. No hay nada tan bello como el *Omnia mea mecum porto*[4]; correr libre y desembarazadamente por el mundo, ganando el pan de cada día con nuestros trabajos. ¿No conoce usted la anécdota del naufragio del poeta Simónides?

—¿Qué anécdota es ésa? —preguntó don Cecilio, impresionado por el latinajo de Pío Cid.

—Se cuenta —dijo éste— que en un viaje que hizo por mar, la nave en que iba naufragó. Todos los pasajeros acudían a recoger sus riquezas para ver si podían salvarlas; muchos se ahogaron abrazados a ellas, y algunos las tuvieron que abandonar para ganar a nado la próxima orilla. Simónides vio impasible la catástrofe, y se echó al agua sin llevar más que lo puesto, que no valía gran cosa. Y cuando le preguntaron que dónde dejaba sus riquezas, contestó que todas sus riquezas las llevaba siempre consigo. Los náufragos que escaparon con vida se encaminaron al pueblo más cercano para que los socorrieran; y al llegar, vieron todos con asombro que Simó-

---

[4] *Omnia mea mecum porto:* todo lo mío llevo conmigo.

nides comenzó a recitar sus poesías por las calles y que el pueblo se lo disputaba para tener el honor de albergar a tan ilustre huésped. Todos fueron acogidos por lástima, pero Simónides lo fue por su propio mérito. Un hombre de talento que tiene el arranque de despreciar las riquezas y arrojarlas lejos de sí, si las tiene, recibe en el acto una riqueza mayor, la que da la fe en sí mismo; porque esta fe es el germen de todas las grandezas humanas.

MIGUEL DE UNAMUNO
una apasionada contradicción

    Este donquijotesco
don Miguel de Unamuno, fuerte vasco,
lleva el arnés grotesco
y el irrisorio casco
5 del buen manchego. Don Miguel camina,
jinete de quimérica montura,
metiendo espuela de oro a su locura,
sin miedo de la lengua que malsina.

    A un pueblo de arrieros,
10 lechuzas y tahúres y logreros
dicta lecciones de Caballería.
Y el alma desalmada de su raza,
que bajo el golpe de su férrea maza
aún duerme, puede que despierte un día.

Así retrataba Antonio Machado al más controvertido y polémico escritor de la generación del 98. Unamuno representa el sentir más genuino de la generación, hasta el punto de que sería difícil imaginársela sin él. El tema de España, las crisis religiosas, la muerte y el intento de conciliar fe y razón son constantes en su vasta producción literaria.

Nació en Bilbao en 1864. Es, por tanto, el mayor de todos. Educado por su madre en el fervor religioso, perdió pronto la fe, aunque luchara denodadamente por recuperarla. Estudió Filosofía y Letras en Madrid y, tras no pocos intentos frustrados, ganó la cátedra de Griego en la Universidad de Salamanca. Excepto su exilio y breves períodos de tiempo, vivió el resto de su vida en esta ciudad, ligado a su universidad, de la que fue rector más de quince años. Durante sus primeros tiempos universitarios, el joven catedrático aparecía como anticlerical y defensor del positivismo socialista.

Coqueteó con la política. Y así, fue consejero de Instrucción Pública, concejal del Ayuntamiento salmantino y diputado independiente en las Cortes de la II República en 1931. Su radical oposición a la dictadura de Primo de Rivera le llevó al destierro en la isla de Fuerteventura, de donde huyó a Francia. Regresó a España en 1930, con la caída del dictador. Para sorpresa de sus amigos, al iniciarse la sublevación franquista de 1936, Unamuno apoyó a los rebeldes, aunque pocos meses después, por un enfrentamiento con el general Millán Astray, fue confinado en su domicilio, en donde murió el último día del fatídico año de 1936.

Las dudas acompañaron toda su vida. Pero lejos de adoptar una actitud pusilánime, su espíritu batallador y apasionado le lleva a reclamar la constante búsqueda de la verdad en oposición al orden y la tranquilidad: «Y bien, se me dirá, ¿cuál es tu religión? Y yo responderé: mi religión es buscar la verdad en la vida y la vida en la verdad, aun a sabiendas de que no he de encontrarlas mientras viva.» No en vano se definió a sí mismo como «un hombre de contradicción y de pelea [...]; uno que dice una cosa con el corazón y la contraria con la cabeza».

Unamuno orienta su pensamiento a buscar las raíces eternas de lo español. Y lo hace penetrando en las costumbres, los paisajes y las manifestaciones artísticas populares. Acuña el concepto de «intrahistoria» para referirse a la vida cotidiana de las gentes humildes, que conforman el espíritu del pueblo.

Obra

Antes que nada, Unamuno fue un pensador, un filósofo. Toda su obra se supedita a la expresión de las ideas. De ahí que sus ensayos adquieran una especial relevancia. *En torno al casticismo* (1894-1911), *Vida de Don Quijote y Sancho* (1905), *Del sentimiento trágico de la vida* (1912) y *La agonía del cristianismo* (1924) son cuatro de los más representativos. El tema de España como problema y la religión recorren sus páginas.

Amor y pedagogía (1902), *Niebla* (1914), *Abel Sánchez* (1917), *La tía Tula* (1921) y *San Manuel Bueno, mártir* (1933) representan lo más granado de su producción novelística. Unamuno concibe sus novelas como una «realidad íntima» (en sus propias palabras): se aleja de la anécdota superficial para presentar el sentir escueto, desnudo, de sus personajes. Él mismo denominó «nivolas» a sus obras para diferenciarlas de las novelas más convencionales.

La poesía unamuniana, cada vez más valorada, comparte con el resto de su obra el componente existencial y trascendente. Los sentimientos más profundos, las dudas, las zozobras, en suma, la visión que tenía del mundo se dan cita en *Rosario de sonetos líricos* (1911), *El Cristo de Velázquez* (1920), *Teresa* (1923) o *Romancero del destierro* (1928). En 1953 se publica, póstumamente, su *Cancionero,* que es su autobiografía sentimental en forma de poemas.

También hizo un teatro de corte intelectual, con una acción y unos personajes muy esquemáticos, aunque, a diferencia del resto de su producción, apenas tuvo éxito en su época. Su obra más conocida fue *Fedra* (1921).

EN TORNO AL CASTICISMO

*E*STE *ensayo es clave para comprender el pensamiento de Unamuno y de la generación del 98.*
En él se recoge el concepto de intrahistoria: «Los periódicos nada dicen de la vida silenciosa de los millones de hombres sin historia que a todas horas del día y en todos los países del globo se levantan a una orden del sol y van a sus campos a proseguir la oscura y silenciosa labor cotidiana y eterna, esa labor que [...] echa las bases sobre que se alzan los islotes de la Historia.»

La búsqueda de la esencia intrahistórica de España lleva a Unamuno al descubrimiento de Castilla y a tratar de relacionarla con Europa. Con un tono exaltado (fíjate en el empleo de las oraciones exclamativas), el autor se recrea en el paisaje castellano para, a continuación, describir el sentir de las gentes que pueblan esas tierras. (La primera parte de este texto aparece comentada en el Apéndice.)

* * *

¡Qué hermosura la de una puesta de sol en estas solemnes soledades! Se hincha al tocar el horizonte como si quisiera gozar de más tierra, y se hunde, dejando polvo de oro en el cielo, y en la tierra sangre de su luz. Va luego blanqueando la bóveda infinita, se oscurece de prisa, y cae encima, tras fugitivo crepúsculo, una noche profunda, en que tiritan las estrellas. No son los atardeceres dulces, lánguidos y largos del septentrión.

¡Ancha es Castilla! ¡Y qué hermosa es la tristeza reposada de ese mar petrificado y lleno de cielo! Es un paisaje uniforme y monótono en sus contrastes de luz y sombra, en sus tintas disociadas y pobres en matices. Las tierras se presentan como en inmensa plancha de mosaico de pobrísima variedad, sobre que se extiende el azul intensísimo del cielo. Faltan suaves transiciones, ni hay otra continuidad armónica que la de la llanura inmensa y el azul compacto que la cubre e ilumina.

No despierta este paisaje sentimientos voluptuosos de alegría de vivir, ni sugiere sensaciones de comodidad y holgura concupiscibles[1]: no es un campo verde y graso en que den ganas de revolcarse, ni hay repliegues de tierra que llamen como un nido.

No evoca su contemplación al animal que duerme en nosotros todos, y que medio despierto de su modorra se regodea en el dejo de satisfacciones de apetitos amasados con su carne desde los albores de su vida, a la presencia de frondosos campos de vegetación opulenta.

[...]

La población se presenta, por lo general, en el campo castellano recogida en lugares, villas o ciudades, en grupos de apiñadas viviendas, distanciados de largo en largo por extensas y peladas soledades. El caserío de los pueblos es compacto y recortadamente demarcado, sin que vaya perdiéndose y difuminándose en la llanura con casas aisladas que lo rodean, sin matices de población intermedia, como si las viviendas se apretaran en derredor de la iglesia para prestarse calor y defenderse del rigor de la naturaleza, como si las familias buscaran una segunda capa, en cuyo ambiente aislarse de la crueldad del clima y la tristeza del paisaje. Así es que los lugareños tienen

---

[1] *concupiscibles:* que despiertan la sensualidad.

que recorrer a las veces en su mula no chico trecho hasta llegar a su labranza, donde trabajan, uno aquí, otro allá, aislados, y los gañanes no pueden hasta la noche volver a casa, a dormir el reconfortante sueño del trabajo sobre el escaño duro de la cocina. ¡Y que es de ver verlos a la caída de la tarde, bajo el cielo blanco, dibujar en él sus siluetas, montados en sus mulas, dando al aire sutil sus cantares lentos, monótonos y tristes, que se pierden en la infinita inmensidad del campo lleno de surcos!

Mientras ellos están en la labor, sudando sobre la dura tierra, hacen la suya las comadres, murmurando en las solanas[2] en que gozan del breve día. En las largas veladas invernales suelen reunirse amos y criados bajo la ancha campana del hogar, y bailan éstos al compás de seca pandereta y al de algún viejo romance no pocas veces.

Penetrad en uno de esos lugares o en una de las viejas ciudades amodorradas en la llanura, donde la vida parece discurrir calmosa y lenta en la monotonía de las horas, y allí dentro hay almas vivas, con fondo transitorio y fondo eterno y una intrahistoria castellana.

Allí dentro vive una casta de complexión seca, dura y sarmentosa, tostada por el sol y curtida por el frío, una casta de hombres sobrios, producto de una larga selección por las heladas de crudísimos inviernos y una serie de penurias periódicas, hechos a la inclemencia del cielo y a la pobreza de la vida. El labriego que al pasar montado en su mula y arrebujado en su capa os dio gravemente los buenos días, os recibirá sin grandes cortesías, con continente sobrio. Es calmoso en sus movimientos, en su conversación pausado y grave y con una flema que le hace parecer a un rey destronado. Esto cuando no es socarrón, voz muy castiza de un carácter muy castizo

---

[2] *solanas:* lugares en donde el sol da de lleno.

también. La socarronería es el castizo humorismo castellano, un humorismo grave y reposado, sentencioso y
flemático, el humorismo del bachiller Sansón Carrasco,
que se bate caballerosamente con Don Quijote con toda
la solemnidad que requiere el caso, y que acaba tomando
en serio el juego.

VIDA DE DON QUIJOTE Y SANCHO

*U*NAMUNO *recorre la novela cervantina para contraponerla al sentir noventayochista en el que se encuentra inmerso España. El decaimiento espiritual, la bajeza, la injusticia, la falta de ideales... se extienden por todas partes. Lejos de barberos, curas, duques, etc., es decir, de los personajes quijotescos que representan la sensatez sin ideales, el autor propone a Don Quijote como modelo. En definitiva, se trata de sacar del letargo a un espíritu adormecido y para ello nada mejor que recurrir a la locura. Que no se te pase por alto la vehemencia con la que está escrito este fragmento, que pertenece al principio de la obra.*

* * *

Tú y yo, mi buen amigo, nos hemos escandalizado ante eso que llaman aquí fanatismo, y que, por nuestra desgracia, no lo es. No; no es fanatismo nada que esté reglamentado y contenido y encauzado y dirigido por bachilleres, curas, barberos, canónigos y duques; no es fanatismo nada que lleve a un pendón con fórmulas lógicas, nada que tenga programa, nada que se proponga para mañana un propósito que puede un orador desarrollar en un metódico discurso.

Una vez, ¿te acuerdas?, vimos a ocho o diez mozos reunirse y seguir a uno que les decía: «¡Vamos a hacer una barbaridad!» Y eso es lo que tú y yo anhelamos: que el pueblo se apiñe y gritando ¡vamos a hacer una barbaridad! se ponga en marcha. Y si algún bachiller, algún barbero, algún cura canónigo o algún duque le detuviese para decirle: «¡Hijos míos!, está bien, os veo henchidos de heroísmo, llenos de santa indignación; también yo voy con vosotros; pero antes de ir todos, y yo con vosotros, a hacer esa barbaridad, ¿no os parece que debíamos ponernos de acuerdo respecto a la barbaridad que vamos a hacer? ¿Qué barbaridad va a ser ésa?»; si alguno de esos malandrines que he dicho les detuviese para decirles tal cosa, deberían derribarle al punto y pasar todos sobre él, pisoteándole, y ya empezaba la heroica barbaridad.

¿No crees, mi amigo, que hay por ahí muchas almas solitarias a las que el corazón les pide alguna barbaridad, algo de que revienten? Ve, pues, a ver si logras juntarlas y formar escuadrón con ellas y ponernos todos en marcha —porque yo iré con ellos y tras de ti— a rescatar el sepulcro de Don Quijote, que, gracias a Dios, no sabemos dónde está. Ya nos lo dirá la estrella refulgente y sonora.

¿Y no será —me dices en tus horas de desaliento cuando te vas de ti mismo—, no será que creyendo al ponernos en marcha caminar por campos y tierras, estemos dando vueltas en torno al mismo sitio? Entonces la estrella estará fija, quieta sobre nuestras cabezas y el sepulcro en nosotros. Y entonces la estrella caerá, pero caerá para venir a enterrarse en nuestras almas. Y nuestras almas se convertirán en luz, y fundidas todas en la estrella refulgente y sonora subirá ésta, más refulgente aún, convertida en un sol, en un sol de eterna melodía, a alumbrar el cielo de la patria redimida.

En marcha, pues. Y ten cuenta no se te metan en el sagrado escuadrón de los cruzados bachilleres, barberos, curas, canónigos o duques disfrazados de Sanchos. No importa que te pidan ínsulas; lo que debes hacer es expulsarlos en cuanto te pidan el itinerario de la marcha, en cuanto te hablen del programa, en cuanto te pregun-

ten al oído, maliciosamente, que les digas hacia dónde
cae el sepulcro. Sigue a la estrella. Y haz como el Caballero: endereza el entuerto que se te ponga delante. Ahora lo de ahora y aquí lo de aquí.

¡Poneos en marcha! ¿Que adónde vais? La estrella os lo
dirá: ¡al sepulcro! ¿Qué vamos a hacer en el camino
mientras marchamos? ¿Qué? ¡Luchar! Luchar, y ¿cómo?

¿Cómo? ¿Tropezáis con uno que miente?, gritadle a la
cara: «¡mentira!», y ¡adelante! ¿Tropezáis con uno que
roba?, gritadle: «¡ladrón!», y ¡adelante! ¿Tropezáis con
uno que dice tonterías, a quien oye toda una muchedumbre con la boca abierta?, gritadles: «¡estúpidos!», y
¡adelante! ¡Adelante siempre!

¿Es que con eso —me dice uno a quien tú conoces y
ansía ser cruzado—, es que con eso se borra la mentira,
ni el ladronicio, ni la tontería del mundo? ¿Quién ha
dicho que no? La más miserable de todas las miserias, la
más repugnante y apestosa argucia de la cobardía es esa
de decir que nada se adelanta con denunciar a un ladrón
porque otros seguirán robando, que nada se adelanta con
decirle en su cara majadero al majadero, porque no por
eso la majadería disminuirá en el mundo.

Sí, hay que repetirlo una y mil veces: con que una vez,
una sola vez, acabases del todo y para siempre con un
solo embustero habríase acabado el embuste de una vez
para siempre.

DEL SENTIMIENTO TRÁGICO DE LA VIDA

P ARA la mayor parte de estudiosos, éste es el ensayo más importante de Unamuno. Por ser el de mayor calado filosófico, también es el más difícil de leer (verás que en el texto se citan nombres de filósofos que seguramente desconoces, pero no te preocupes, trata sólo de entender lo esencial del pensamiento).

El sentimiento trágico de la vida consiste en que si queremos ser inmortales tendremos que resucitar a un Dios que la razón ha hecho desaparecer. Como ves, las paradojas y la profundidad de los pensamientos no permiten una lectura ligera.

Te presentamos dos fragmentos. El primero, muy complejo, trata el tema de las relaciones irreconciliables de fe y razón. El segundo se centra en el sentimiento de Dios.

* * *

La fe en la inmortalidad es irracional. Y, sin embargo, fe, vida y razón se necesitan mutuamente. Ese anhelo vital no es propiamente problema, no puede tomar estado lógico, no puede formularse en proposiciones racionalmente discutibles, pero se nos plantea, como se nos plantea el hambre. Tampoco un lobo que se echa sobre su presa para devorarla, o sobre la loba para fecundarla, puede plantearse racionalmente y como problema lógico su empuje. Razón y fe son dos enemigos que no pueden sostenerse el uno sin el otro. Lo irracional pide ser racionalizado, y la razón sólo puede operar sobre lo irracional. Tienen que apoyarse uno en otro y asociarse. Pero asociarse en lucha, ya que la lucha es un modo de asociación.

En el mundo de los vivientes, la lucha por la vida, *the struggle fon life,* establece una asociación, y estrechísima, no ya entre los que se unen para combatir a otro, sino entre los que se combaten mutuamente. ¿Y hay, acaso, asociación más íntima que la que se traba entre el animal que se come a otro y éste que es por él comido, entre el devorador y el devorado? Y si esto se ve claro en la lucha de los individuos entre sí, más claro se ve en la de los pueblos. La guerra ha sido siempre el más completo factor de progreso, más aún que el comercio. Por la guerra es como aprenden a conocerse y, como consecuencia de ello, a quererse vencedores y vencidos.

Al cristianismo, a la locura de la cruz, a la fe irracional en que el Cristo había resucitado para resucitarnos, lo salvó la cultura helénica racionalista, y a ésta el cristianismo. Sin éste, sin el cristianismo, habría sido imposible el Renacimiento; sin el Evangelio, sin San Pablo, los pueblos que habían atravesado la Edad Media no habrían comprendido ni a Platón ni a Aristóteles. Una tradición puramente racionalista es tan imposible como una tradición puramente religiosa. Suele discutirse si la Reforma[3] nació como dije, del Renacimiento, o en protesta a éste, y cabe decir que las dos cosas, porque el hijo nace siempre en protesta contra el padre. Dícese también que fueron los clásicos griegos redivivos los que volvieron a hombres como Erasmo[4] a San Pablo y al cristianismo primitivo, el más irracional; pero cabe retrucar diciendo que fue San Pablo, que fue la irracionalidad cristiana que sustentaba su teología católica, lo que les volvió a los clásicos. «El cristianismo es lo que ha llegado a ser —se dice— sólo por su alianza con la Antigüedad, mientras

---

[3] *Reforma:* se refiere a las críticas a la Iglesia católica que dieron lugar, en el siglo XVI, al nacimiento del Protestantismo.

[4] *Erasmo:* humanista del Renacimiento.

que entre los coptos[5] y etíopes no es sino una bufonada. El Islam se desenvolvió bajo el influjo de la cultura persa y griega, y bajo el de los turcos se ha convertido en destructora incultura*»[6].

Salimos de la Edad Media y de su fe tan ardiente como en el fondo desesperada y no sin íntimas y hondas incertidumbres, y entramos en la edad del racionalismo, no tampoco sin sus incertidumbres. La fe en la razón está expuesta a la misma insostenibilidad racional que toda otra fe. Y cabe decir con Roberto Browning[7] que «todo lo que hemos ganado con nuestra incredulidad es una vida de duda diversificada por la fe, en vez de una fe diversificada por la duda»:

> *All we have gained then by our unbelief*
> *Is a life of doubt diversified by faith*
> *For once of faith diversified by doubt.*

(BISHOP BLOUGRAM'S APOLOGY)

Y es que, como digo, si la fe, la vida, no se puede sostener sino sobre razón que la haga transmisible —y ante todo transmisible de mí a mí mismo, es decir, refleja y consciente—, la razón a su vez no puede sostenerse sino sobre fe, sobre vida, siquiera fe en la razón, fe en que ésta sirve para algo más que para conocer, sirve para vivir. Y, sin embargo, ni la fe es transmisible o racional, ni la razón es vital.

---

* Vid. Troeltsch, en *Systematiche christliche Religion,* de la colección *Die Kultur der Gegenwart.*

---

[5] *coptos:* cristianos de Egipto.
[6] Esta nota es original del texto.
[7] *Roberto Browning:* 1812-1889. Poeta inglés que cultivó una literatura muy erudita y oscura.

La voluntad y la inteligencia se necesitan, y a aquel viejo aforismo de *nihil volitum quin praecognitum,* no se quiere nada que no se haya conocido antes, no es tan paradójico como a primera vista parece retrucarlo diciendo *nihil cognitum quin praevolitum,* no se conoce nada que no se haya antes querido. «El conocimiento mismo del espíritu como tal —escribe Vinet en su estudio sobre el libro de Cousin acerca de los *Pensamientos* de Pascal[8]—, necesita del corazón. Sin el deseo de ver, no se ve; en una gran materialización de la vida y del pensamiento, no se cree en las cosas del espíritu.» Ya veremos que creer es, en primera instancia, querer creer.

La voluntad y la inteligencia buscan cosas opuestas: aquélla, absorber al mundo en nosotros, apropiárnoslo; y ésta, que seamos absorbidos en el mundo. ¿Opuestas? ¿No son más bien una misma cosa? No, no lo son, aunque lo parezca. La inteligencia es monista o panteísta[9], la voluntad es monoteísta y egotista[10]. La inteligencia no necesita algo de ella en que ejercerse; se funde con las ideas mismas, mientras que la voluntad necesita materia. Conocer algo, es hacerme aquello que conozco; pero para servirme de ello, para dominarlo, ha de permanecer distinto de mí.

Filosofía y religión son enemigas entre sí, y por ser enemigas se necesitan una a otra. Ni hay religión sin alguna base filosófica ni filosofía sin raíces religiosas; cada una vive de su contraria. La historia de la filosofía es, en rigor, una historia de la religión. Y los ataques que

---

[8] Fíjate en la triple alusión a filósofos para sustentar una cita.

[9] *monista o panteísta:* que concibe el universo como una idea única de la cual derivan todos los seres y fenómenos o que cree que la totalidad del universo es el único Dios.

[10] *monoteísta y egotista:* que cree en un solo Dios y tiende a ser egocéntrica.

a la religión se dirigen desde un punto de vista presunto científico o filosófico, no son sino ataques desde otro adverso punto de vista religioso. «La colisión que ocurre entre la ciencia natural y la religión cristiana no lo es, en realidad, sino entre el instinto de la religión natural, fundido en la observación natural científica, y el valor de la concepción cristiana del universo, que asegura al espíritu su preeminencia en el mundo natural todo», dice Ritschl[11] (*Rechfertigung und Versoehnung*, III, capítulo 4.º, § 28). Ahora, que ese instinto es el instinto mismo de racionalidad. Y el idealismo crítico de Kant[12] es de origen religioso, y para salvar a la religión es para lo que franqueó Kant los límites de la razón después de haberla en cierto modo disuelto en escepticismo. El sistema de antítesis, contradicciones y antinomias sobre que construyó Hegel su idealismo absoluto, tiene su raíz y germen en Kant mismo, y esa raíz es una raíz irracional.

Ya veremos más adelante, al tratar de la fe, cómo ésta no es en su esencia sino cosa de voluntad, no de razón, como creer es querer creer, y creer en Dios ante todo y sobre todo es querer que le haya. Y así, creer en la inmortalidad del alma es querer que el alma sea inmortal, pero quererlo con tanta fuerza que esta querencia, atropellando a la razón, pasa sobre ella. Mas no sin represalia.

[...]

---

[11] La importancia de este filósofo alemán estriba en que fue maestro de Nietzsche.
[12] *Kant:* 1724-1804. Filósofo alemán fundador del idealismo clásico.

Creer en Dios es amarle, y amarle es sentirle sufriente, compadecerle.

Acaso parezca blasfemia esto de que Dios sufre, pues el sufrimiento implica limitación. Y, sin embargo, Dios, la conciencia del Universo, está limitado por la materia bruta en que vive, por lo inconsciente, de que trata de libertarse y de libertarnos. Y nosotros, a nuestra vez, debemos de tratar de libertarle de ella. Dios sufre en todos y en cada uno de nosotros; en todas y en cada una de las conciencias, presa de la materia pasajera, y todos sufrimos en Él. La congoja religiosa no es sino el divino sufrimiento, sentir que Dios sufre en mí, y que yo sufro en Él.

El dolor universal es la congoja de todo por ser todo lo demás sin poder conseguirlo, de ser cada uno el que es, siendo a la vez todo lo que no es, y siéndolo por siempre. La esencia de no ser no es sólo un empeño en persistir por siempre, como nos enseñó Spinoza[13], sino, además, el empeño por universalizarse; es el hambre y sed de eternidad y de infinitud. Todo ser creado tiende no sólo a conservarse en sí, sino a perpetuarse, y además, a invadir a todos los otros, a ser los otros sin dejar de ser él, a ensanchar sus linderos al infinito, pero sin romperlos. No quiere romper sus muros y dejarlo todo en tierra llana, comunal, indefensa, confundiéndose y perdiendo su individualidad, sino que quiere llevar sus muros a los extremos de lo creado y abarcarlo todo dentro de ellos. Quiere el máximo de individualidad con el máximo también de personalidad, aspira a que el Universo sea él, a Dios.

Y ese vasto yo dentro del cual quiere cada yo meter al Universo, ¿qué es sino Dios? Y por aspirar a Él le amo, y esa mi aspiración a Dios es mi amor a Él, y como yo

---

[13] *Spinoza:* 1632-1677. Filósofo materialista holandés.

sufro por ser Él, también Él sufre por ser yo y cada uno de nosotros.

Bien sé que a pesar de mi advertencia, de que se trata aquí de dar forma lógica a un sistema de sentimientos alógicos, seguirá más de un lector escandalizándose de que le hable de un Dios paciente, que sufre, y de que aplique a Dios mismo en cuanto Dios, la pasión de Cristo. El Dios de la teología llamada racional excluye, en efecto, todo sufrimiento. Y el lector pensará que esto del sufrimiento no puede tener sino un valor metafórico aplicado a Dios, como lo tiene, dicen, cuando el Antiguo Testamento nos habla de pasiones humanas del Dios de Israel. Pues no caben cólera, ira y venganza sin sufrimiento. Y por lo que hace que sufra atado a la materia, se me diría, con Plotino[14] (*Eneada* segunda, IX, 7), que el alma del todo no puede estar atada, por aquello mismo —que son los cuerpos o la materia— que está por ella atado.

---

[14] *Plotino:* 205-270. Filósofo fundador de la escuela neoplatónica.

NIEBLA

*P*UBLICADA *en 1914, sólo dos años después de* Del sentimiento trágico de la vida, Niebla *resume las posturas formales e ideológicas de Unamuno. Comparte con el resto de novelas sus principales características; a saber: protagonista único, ausencia de elementos secundarios (como descripciones o precisiones espaciales), planteamientos de problemas existenciales, etcétera. Pero además plantea, como en* Del sentimiento..., *el problema de la inmortalidad del alma.*

La novela relata la vida ociosa del ente de ficción Augusto Pérez. Cuando, por un desengaño amoroso, Augusto piensa en el suicidio, el autor le hace pedir consejo al escritor Miguel de Unamuno. Te ofrecemos la conversación entre ambos, al final de la obra. Ten en cuenta que este recurso, el diálogo entre el creador y uno de sus personajes, fue algo muy novedoso en la época.

* * *

—¿Cómo? —exclamó Augusto sobresaltado—, ¿que me va usted a dejar morir, a hacerme morir, a matarme?

—¡Sí, voy a hacer que mueras!

—¡Ah, eso nunca! ¡nunca! ¡nunca! —gritó.

—¡Ah! —le dije mirándole con lástima y rabia—. ¿Conque estabas dispuesto a matarte y no quieres que yo te mate? ¿Conque ibas a quitarte la vida y te resistes a que te la quite yo?

—Sí, no es lo mismo...

—En efecto, he oído contar casos análogos. He oído de uno que salió una noche armado de un revólver y dispuesto a quitarse la vida, salieron unos ladrones a robarle, le atacaron, se defendió, mató a uno de ellos, huyeron los demás, y al ver que había comprado su vida por la de otro renunció a su propósito.

—Se comprende —observó Augusto—; la cosa era quitar a alguien la vida, matar un hombre, y ya que mató a otro, ¿a qué había de matarse? Los más de los suicidas son homicidas frustrados; se matan a sí mismos por falta de valor para matar a otros...

—¡Ah, ya, te entiendo, Augusto, te entiendo! Tú quieres decir que si tuvieses valor para matar a Eugenia o a Mauricio o a los dos no pensarías en matarte a ti mismo, ¿eh?

—¡Mire usted, precisamente a ésos... no!

—¿A quién, pues?

—¡A usted! —y me miró a los ojos.

—¿Cómo? —exclamé poniéndome en pie—, ¿cómo? Pero ¿se te ha pasado por la imaginación matarme?, ¿tú?, ¿y a mí?

—Siéntese y tenga calma. ¿O es que cree usted, amigo don Miguel, que sería el primer caso en que un ente de ficción, como usted me llama, matara a aquel a quien creyó darle ser... ficticio?

—¡Esto ya es demasiado —decía yo paseándome por mi despacho—, esto pasa de la raya! Esto no sucede más que...

—Más que en las *nivolas* —concluyó él con sorna.

—¡Bueno, basta! ¡basta! ¡basta! ¡Esto no se puede tolerar! ¡Vienes a consultarme, a mí, y tú! Empiezas por discutirme mi propia existencia, después el derecho que tengo a hacer de ti lo que me dé la real gana, sí, así como suena, lo que me dé la real gana, lo que me salga de...

—No sea usted tan español, don Miguel...

—¡Y eso más, mentecato! Pues sí, soy español, español de nacimiento, de educación, de cuerpo, de espíritu, de lengua y hasta de profesión y oficio; español sobre todo y ante todo, y el españolismo es mi religión, y el cielo en que quiero creer es una España celestial y eterna y mi Dios un Dios español, el de Nuestro Señor Don Quijote, un Dios que piensa en español y en español dijo: ¡sea la luz!, y su verbo fue verbo español...

—Bien, ¿y qué? —me interrumpió, volviéndome a la realidad.

—Y luego has insinuado la idea de matarme. ¿Matarme?, ¿a mí?, ¿tú? ¡Morir yo a manos de una de mis criaturas! No tolero más. Y para castigar tu osadía y esas doctrinas disolventes, extravagantes, anárquicas, con que te me has venido, resuelvo y fallo que te mueras. En cuanto llegues a tu casa te morirás. ¡Te morirás, te lo digo, te morirás!

—Pero, ¡por Dios!... —exclamó Augusto, ya suplicante y de miedo tembloroso y pálido.

—No hay Dios que valga. ¡Te morirás!

—Es que yo quiero vivir, don Miguel, quiero vivir, quiero vivir...

—¿No pensabas matarte?

—Oh, si es por eso, yo le juro, señor de Unamuno, que no me mataré, que no me quitaré esta vida que Dios o usted me han dado; se lo juro... Ahora que usted quiere matarme quiero yo vivir, vivir, vivir...

—¡Vaya una vida! —exclamé.

—Sí, la que sea. Quiero vivir, aunque vuelva a ser burlado, aunque otra Eugenia y otro Mauricio me desgarren el corazón. Quiero vivir, vivir, vivir...

—No puede ser ya... no puede ser...

—Quiero vivir, vivir... y ser yo, yo, yo...

—Pero si tú no eres sino lo que yo quiera...

—¡Quiero ser yo, ser yo!, ¡quiero vivir! —y le lloraba la voz.

—No puede ser... no puede ser...

—Mire usted, don Miguel, por sus hijos, por su mujer, por lo que más quiera... Mire que usted no será usted... que se morirá...

Cayó a mis pies de hinojos, suplicante y exclamando:

—¡Don Miguel, por Dios, quiero vivir, quiero ser yo!

—¡No puede ser, pobre Augusto —le dije cogiéndole una mano y levantándole—, no puede ser! Lo tengo ya escrito y es irrevocable; no puedes vivir más. No sé qué hacer ya de ti. Dios, cuando no sabe qué hacer de nosotros, nos mata. Y no se me olvida que pasó por tu mente la idea de matarme...

—Pero si yo, don Miguel...

—No importa; sé lo que me digo. Y me temo que, en efecto, si no te mato pronto acabes por matarme tú.

—Pero ¿no quedamos en que...?

—No puede ser, Augusto, no puede ser. Ha llegado tu hora. Está ya escrito y no puedo volverme atrás. Te morirás. Para lo que ha de valerte ya la vida...

—Pero... por Dios...

—No hay pero ni Dios que valgan. ¡Vete!

—¿Conque no, eh? —me dijo—, ¿conque no? No quiere usted dejarme ser yo, salir de la niebla, vivir, vivir, vivir, verme, oírme, tocarme, sentirme, dolerme, serme: ¿conque no lo quiere?, ¿conque he de morir ente de ficción? Pues bien, mi señor creador don Miguel, también usted se morirá, también usted, y se volverá a la nada de que salió... ¡Dios dejará de soñarle! ¡Se morirá usted, sí, se morirá, aunque no lo quiera; se morirá usted y se morirán todos los que lean mi historia, todos, todos, todos sin quedar uno! ¡Entes de ficción como yo; lo mismo que yo! Se morirán todos, todos, todos. Os lo digo yo, Augusto Pérez, ente ficticio como vosotros, *nivolesco* lo mismo que vosotros. Porque usted, mi creador, mi don Miguel, no es usted más que otro ente *nivolesco*, y entes *nivolescos* sus lectores, lo mismo que yo, que Augusto Pérez, que su víctima...

—¿Víctima? —exclamé.

—¡Víctima, sí! ¡Crearme para dejarme morir! ¡Usted también se morirá! El que crea se crea y el que se crea se muere. ¡Morirá usted, don Miguel, morirá usted, y morirán todos los que me piensen! ¡A morir, pues!

Este supremo esfuerzo de pasión de vida, de ansia de inmortalidad, le dejó extenuado al pobre Augusto.

Y le empujé a la puerta, por la que salió cabizbajo. Luego se tanteó como si dudase ya de su propia existencia. Yo me enjugué una lágrima furtiva.

ABEL SÁNCHEZ

S EGURAMENTE ésta es la novela más esquemática, más escueta, de Unamuno. Las relaciones entre Joaquín Monegro y Abel Sánchez sirven de excusa para proponer una reflexión acerca de la envidia y el odio. Por culpa de Abel, Joaquín pierde a sus amigos, su novia y todo lo que él más quería. Esto provoca en Joaquín un odio profundo.

El texto que te presentamos es el que abre la novela. Como verás, no hay demoras en nada que no sea esencial para desarrollar el problema de la envidia.

* * *

No recordaban Abel Sánchez y Joaquín Monegro desde cuándo se conocían. Eran conocidos desde antes de la niñez, desde su primera infancia, pues sus dos sendas nodrizas se juntaban y los juntaban cuando aún ellos no sabían hablar. Aprendió cada uno de ellos a conocerse conociendo al otro. Y así vivieron y se hicieron juntos amigos desde nacimiento, casi más bien hermanos de crianza.

En sus paseos, en sus juegos, en sus otras amistades comunes parecía dominar e iniciarlo todo Joaquín, el más voluntarioso; pero era Abel quien, pareciendo ceder, hacía la suya siempre. Y es que le importaba más no obedecer que mandar. Casi nunca reñían. «¡Por mí, como tú quieras!», le decía Abel a Joaquín, y éste se exasperaba a las veces porque con aquel «¡como tú quieras!» esquivaba las disputas.

—¡Nunca me dices que no! —exclamaba Joaquín.

—¿Y para qué? —respondía el otro.

—Bueno, éste no quiere que vayamos al Pinar —dijo una vez aquél, cuando varios compañeros se disponían a dar un paseo.

—¿Yo? ¡Pues no he de quererlo...! —exclamó Abel—. Sí, hombre, sí; como tú quieras. ¡Vamos allá!

—¡No; como yo quiera, no! ¡Ya te he dicho otras veces que no! ¡Como yo quiera, no! ¡Tú no quieres ir!

—Que sí, hombre...

—Pues entonces no lo quiero yo...

—Ni yo tampoco...

—Eso no vale —gritó ya Joaquín—. ¡O con él o conmigo!

Y todos se fueron con Abel, dejándole a Joaquín solo.

Al comentar éste en su *Confesión* tal suceso de la infancia, escribía: «Ya desde entonces era él simpático, no sabía por qué, y antipático yo, sin que se me alcanzara mejor la causa de ello, y me dejaban solo. Desde niño me aislaron mis amigos.»

Durante los estudios del bachillerato, que siguieron juntos, Joaquín era el empollón, el que iba a la caza de los premios, el primero en las aulas, y el primero Abel fuera de ellas, en el patio del Instituto, en la calle, en el campo, en los novillos, entre los compañeros. Abel era el que hacía reír con sus gracias, y, sobre todo, obtenía triunfos de aplauso por las caricaturas que de los catedráticos hacía. «Joaquín es mucho más aplicado, pero Abel es más listo... si se pusiera a estudiar...» Y este juicio común de los compañeros, sabido por Joaquín, no hacía sino envenenarle el corazón. Llegó a sentir la tentación de descuidar el estudio y tratar de vencer al otro en el otro campo; pero diciéndose: «¡Bah!, ¿qué saben ellos...?», siguió fiel a su propio natural. Además, por más que procuraba aventajar al otro en ingenio y donosura no lo conseguía. Sus chistes no eran reídos, y pasaba por ser fundamentalmente serio. «Tú eres fúnebre —solía decirle Federico Cuadrado—; tus chistes son chistes de duelo.»

Concluyeron ambos el bachillerato. Abel se dedicó a ser artista, siguiendo el estudio de la pintura, y Joaquín se matriculó en la Facultad de Medicina. Veíanse con frecuencia y hablaba cada uno al otro de los progresos que en sus respectivos estudios hacían, empeñándose Joaquín en probarle a Abel que la Medicina era también un arte, y hasta un arte bello, en que cabía inspiración poética. Otras veces, en cambio, daba en menospreciar las bellas artes, enervadoras[15] del espíritu, exaltando la ciencia, que es la que eleva, fortifica y ensancha el espíritu con la verdad.

—Pero es que la Medicina tampoco es ciencia —le decía Abel—. No es sino un arte, una práctica derivada de ciencias.

—Es que yo no he de dedicarme al oficio de curar enfermos —replicaba Joaquín.

—Oficio muy honrado y muy útil... —añadía el otro.

—Sí, pero no para mí. Será todo lo honrado y todo lo útil que quieras, pero detesto esa honradez y esa utilidad. Para otros el hacer dinero tomando el pulso, mirando la lengua y recetando cualquier cosa. Yo aspiro a más.

—¿A más?

—Sí; yo aspiro a abrir nuevos caminos. Pienso dedicarme a la investigación científica. La gloria médica es de los que descubrieron el secreto de alguna enfermedad y no de los que aplicaron el descubrimiento con mayor o menor fortuna.

---

[15] *enervadoras*: debilitadoras.

—Me gusta verte así, tan idealista.

—Pues qué, ¿crees que sólo vosotros, los artistas, los pintores, soñáis con la gloria?

—Hombre, nadie te ha dicho que yo sueñe con tal cosa...

—¿Que no? ¿Pues por qué, si no, te has dedicado a pintar?

—Porque si se acierta, es oficio que promete...

—¿Que promete?

—Vamos, sí, que da dinero.

—A otro perro con ese hueso, Abel... Te conozco desde que nacimos casi. A mí no me la das. Te conozco.

—¿Y he pretendido nunca engañarte?

—No, pero tú engañas sin pretenderlo. Con ese aire de no importarte nada, de tomar la vida en juego, de dársete un comino de todo, eres un terrible ambicioso...

—¿Ambicioso yo?

—Sí, ambicioso de gloria, de fama, de renombre... Lo fuiste siempre, de nacimiento. Sólo que solapadamente.

—Pero ven acá, Joaquín, y dime: ¿te disputé nunca tus premios? ¿No fuiste tú siempre el primero en clase? ¿El chico que promete?

—Sí, pero el gallito, el niño mimado de los compañeros, tú...

—¿Y qué iba yo a hacerle?

—¿Me querrás hacer creer que no buscabas esa especie de popularidad?

—Haberla buscado tú...

—¿Yo? ¿Yo? ¡Desprecio a la masa!

SAN MANUEL BUENO, MÁRTIR

NOS encontramos ahora con la novela de madurez de Unamuno. Escrita en 1930, se centra en los temas de la eternidad y la fe, problemas que no han dejado de preocupar al autor en su vejez.

A pesar de no tener fe, don Manuel Bueno sigue ejerciendo su ministerio sacerdotal para mantener en sus fieles la paz que da la creencia en la otra vida (esa paz que él no tiene, aunque la desee con todas sus fuerzas). Su abnegación y servicio hacen que sea considerado por todos como un santo cuando muere. Sólo Ángela, la narradora de la historia, y su hermano Lázaro conocen el secreto de don Manuel.

Aquí tienes el principio del capítulo cuatro, en donde vas a poder apreciar las relaciones de don Manuel con sus feligreses.

* * *

En la noche de San Juan, la más breve del año, solían y suelen acudir a nuestro lago todas las pobres mujerucas y no pocos hombrecillos que se creen poseídos, endemoniados, y que parece no son sino histéricos y a las veces epilépticos, y don Manuel emprendió la tarea de hacer él de lago, de piscina probática[16], y tratar de aliviarlos y, si era posible, de curarlos. Y era tal la acción de su presencia, de sus miradas, y tal, sobre todo, la dulcísima autoridad de sus palabras y, sobre todo, de su voz —¡qué milagro de voz!—, que consiguió curaciones sorprendentes. Con

---

[16] *piscina probática:* la que había en Jerusalén, junto al templo de Salomón, y era empleada para purificar las reses que se iban a sacrificar. En el texto tiene el sentido de purificación curativa.

lo que creció su fama, que atraía a nuestro lago y a él a todos los enfermos del contorno. Y alguna vez llegó una madre pidiéndole que hiciese un milagro en su hijo, a lo que contestó sonriendo tristemente:

—No tengo licencia del señor obispo para hacer milagros.

Le preocupaba, sobre todo, que anduviesen todos limpios. Si alguno llevaba un roto en su vestidura, le decía: «Anda a ver al sacristán y que te remiende eso.» El sacristán era sastre. Y cuando el día primero de año iban a felicitarle por ser el de su santo —su santo patrono era el mismo Jesús Nuestro Señor—, quería don Manuel que todos se le presentasen con camisa nueva, y al que no la tenía se la regalaba él mismo.

Por todos mostraba el mismo afecto, y si a algunos distinguía más con él era a los más desgraciados y a los que aparecían como más díscolos. Y como hubiera en el pueblo un pobre idiota de nacimiento, Blasillo el bobo, a éste es a quien más acariciaba, y hasta llegó a enseñarle cosas que parecía milagro que las hubiese podido aprender. Y es que el pequeño rescoldo de inteligencia que aún quedaba en el bobo se le encendía en imitar, como un pobre mono, a su don Manuel.

Su maravilla era la voz, una voz divina, que hacía llorar. Cuando, al oficiar en misa mayor o solemne, entonaba el prefacio, estremecíase la iglesia, y todos los que le oían sentíanse conmovidos en sus entrañas. Su canto, saliendo del templo, iba a quedarse dormido sobre el lago y al pie de la montaña. Y cuando en el sermón de Viernes Santo clamaba aquello de: «¡Dios mío, Dios mío!, ¿por qué me has abandonado?», pasaba por el pueblo todo un temblor hondo como por sobre las aguas del lago en días de cierzo de hostigo[17]. Y era como si oyesen

---

[17] *de cierzo de hostigo:* fuertes golpes de viento.

a Nuestro Señor Jesucristo mismo, como si la voz brotara de aquel viejo crucifijo a cuyos pies tantas generaciones de madres habían depositado sus congojas. Como que una vez, al oírlo su madre, la de don Manuel, no pudo contenerse, y desde el suelo del templo, en que se sentaba, gritó: «¡Hijo mío!» Y fue un chaparrón de lágrimas entre todos. Creeríase que el grito maternal había brotado de la boca entreabierta de aquella Dolorosa —el corazón traspasado por siete espadas— que había en una de las capillas del templo. Luego, Blasillo el tonto iba repitiendo en tono patético por las callejas, y como en eco, el «¡Dios mío, Dios mío, ¿por qué me has abandonado?», y de tal manera, que al oírselo se les saltaban a todos las lágrimas, con gran regocijo del bobo por su triunfo imitativo.

Su acción sobre las gentes era tal, que nadie se atrevía a mentir ante él, y todos, sin tener que ir al confesonario, se le confesaban. A tal punto que, como hubiese una vez ocurrido un repugnante crimen en una aldea próxima, el juez, un insensato que conocía mal a don Manuel, le llamó y le dijo:

—A ver si usted, don Manuel, consigue que este bandido declare la verdad.

—¿Para que luego pueda castigársele? —replicó el santo varón—. No, señor juez, no; yo no saco a nadie una verdad que le lleve acaso a la muerte. Allá entre él y Dios... La justicia humana no me concierne. «No juzguéis para no ser juzgados», dijo Nuestro Señor.

—Pero es que yo, señor cura...

—Comprendido; dé usted, señor juez, al César lo que es del César, que yo daré a Dios lo que es de Dios.

Y al salir, mirando fijamente al presunto reo, le dijo:

—Mira bien si Dios te ha perdonado, que es lo único que importa.

L A poesía de Unamuno se alejó decididamente de los ritmos modernistas tan en boga en la época. Sus versos son ásperos porque están concebidos más para transmitir ideas que para crear una belleza que el autor consideraba hueca. Como en el resto de sus escritos, la pasión prevalece por encima de cualquier otra circunstancia.

Unamuno comenzó a escribir poesía ya mayor, con más de cuarenta años, por lo que en su obra no hay grandes evoluciones poéticas ni se pueden distinguir apenas etapas. Sus poemas se ocupan sobre todo de reflejar la esencia de sus pensamientos. Esto es lo que los hace tan directos.

Te presentamos a continuación una pequeña muestra de la poesía unamuniana. En ella puedes encontrar las principales preocupaciones de Unamuno (Castilla y España, Dios y la eternidad, etc.) puestas en forma de verso.

* * *

TÚ ME LEVANTAS,
TIERRA DE CASTILLA

Tú me levantas, tierra de Castilla,
en la rugosa palma de tu mano,
al cielo que te enciende y te refresca,
al cielo, tu amo.

5   Tierra nervuda, enjuta, despejada,
madre de corazones y de brazos,
toma el presente en ti viejos colores
del noble antaño.

Con la pradera cóncava del cielo
10 lindan en torno tus desnudos campos,
tiene en ti cuna el sol y en ti sepulcro
y en ti santuario.

Es todo cima tu extensión redonda
y en ti me siento al cielo levantado,
15 aire de cumbre es el que se respira
aquí, en tus páramos.

¡Ara[18] gigante, tierra castellana,
a ese tu aire soltaré mis cantos,
si te son dignos bajarán al mundo
20   desde lo alto!

---

[18] *ara:* altar.

LA ORACIÓN DEL ATEO

Oye mi ruego Tú, Dios que no existes,
y en tu nada recoge estas mis quejas,
Tú que a los pobres hombres nunca dejas
sin consuelo de engaño. No resistes

5   a nuestro ruego y nuestro anhelo vistes.
Cuando Tú de mi mente más te alejas,
más recuerdo las plácidas consejas,
con que mi ama endulzóme noches tristes.

¡Qué grande eres, mi Dios! Eres tan grande
10 que no eres sino Idea; es muy angosta
la realidad por mucho que se espande

para abarcarte. Sufro yo a tu costa,
Dios no existente, pues si Tú existieras
existiría yo también de veras.

LA VIDA ES SUEÑO

¿Estás muerto, Maestro, o bien tranquilo
durmiendo estás el sueño de los justos?
Tu muerte de tres días fue un desmayo,
sueño más largo que los otros tuyos;
5   pues tú dormías, Cristo, sueños de Hombre,
mientras velaba el corazón. Posábase,
ángel, sobre tu sien esa primicia
del descanso mortal, ese pregusto
del sosiego final de aqueste tráfago[19],
10   cual pabellón las blandas alas negras
del ángel del silencio y del olvido
sobre tus párpados; lecho de sábana
pardo la tierra nuestra madre; al borde,
con los brazos cruzados, meditando
15   sobre sí mismo el Verbo. Y di, ¿soñabas?
¿Soñaste, Hermano, el reino de tu Padre?
¿Tu vida acaso fue, como la nuestra,
sueño? ¿De tu alma fue en el alma quieta
fiel trasunto del sueño de la vida
20   de nuestro Padre? Di, ¿de qué vivimos
sino del sueño de tu vida, Hermano?
¡No es la sustancia de lo que esperamos,
nuestra fe, nada más que de tus obras
el sueño, Cristo! ¡Nos pusiste el cielo,
25   ramillete de estrellas de venturas;
hicístenos la noche para el alma
cual manto regio de ilusión eterna!

---

[19] *aqueste tráfago:* este trabajo molesto.

Por Ti los brazos del Señor nos brizan[20]
al vaivén de los cielos y al arrullo
30 del silencio que tupe por las noches
la bóveda de luces tachonada.
¡Y tu sueño es la paz que da la guerra,
y es tu vida la guerra que da paz!

---

[20] *brizan:* acunan.

En el silencio de noche
con la longitud de mi onda
cojo aquí, Carrión soñado,
la longitud de tus coplas.

5 *Recuerde el alma dormida*[21]
me repite el Bidasoa,
y el alma se aduerme al canto,
dulce Carrión, de tus glosas.

Avive el seso y despierte
10 pasa cantando la ronda,
y el alma sueña que pasa
la Muerte entonando loas.

Nuestras vidas son los ríos
¡ay Carrión! ¡ay Bidasoa!
15 ¡páramos de mi Palencia!
¡montañas de mi Vasconia!

La mar es morir ¡ay vida,
cantando infinitas olas!
¡ya pasó la pobre Muerte,
20 despierto en eterna aurora!

---

[21] En cursiva, versos de las *Coplas por la muerte de su padre,* de Jorge Manrique.

Ávila, Málaga, Cáceres,
Játiva, Mérida, Córdoba,
Ciudad Rodrigo, Sepúlveda,
Úbeda, Arévalo, Frómista,

5 Zumárraga, Salamanca,
Turégano, Zaragoza,
Lérida, Zamarramala,
Arramendiaga, Zamora.

¡Sois nombres de cuerpo entero,
10 libres, propios, los de nómina,
el tuétano intraducible
de nuestra lengua española!

Ensíllame a Clavileño [22],
tierna sombra de Cervantes,
voy a buscar los gigantes
de las ínsulas del sueño.

5 Juntos en él cabalgaron
Don Quijote y Sancho Panza,
sobre la misma esperanza
juntos los dos se abrazaron.

Juntos los dos caballeros
10 de leño, leño de cruz,
vendados vieron la luz
de los sueños verdaderos.

Véndame a España la vista
y ensíllame tu artilugio,
15 voy a mi último refugio,
voy a mi última conquista.

---

[22] *Clavileño:* caballo de madera en el que unos duques hacen subir a Don Quijote y Sancho Panza para hacerles creer que vuela.

PÍO BAROJA
la aventura de las novelas

La imagen más extendida de Baroja es la de una persona un tanto esquiva, con la boina calada y una bufanda sobre los hombros. Se pasó la vida escribiendo y, a pesar de ser un infatigable viajero, sentía una especial querencia por sus ámbitos domésticos, Madrid y Vera de Bidasoa. Sin embargo, sus libros están cuajados de marineros curtidos, adolescentes inquietos, aventureros de distintos tipos. Contraponiendo la imagen del solitario escritor con la de sus protagonistas, parece que don Pío proyectó en los libros sus propios anhelos de aventuras.

Nació en San Sebastián en el año 1872. Frente al resto de los escritores del 98, cuya formación era esencialmente humanística, Baroja estudió Medicina. Tras poco más de un año de ejercer como médico volvió a Madrid, ciudad en la que había estudiado, para regentar una panadería familiar. En 1902 abandonó el negocio para dedicarse por entero a escribir. Junto con su hermano Ricardo y sus amigos *Azorín* y Maeztu participó activamente en la vida literaria de aquellos momentos, si bien el propio Pío lo recordaría así: «Yo resistí porque no tomé muy en serio la bohemia. Me parecía decoración y aparato escénico. Cierto, llevaba una vida un tanto irregular: me acostaba tarde, me levantaba tarde, pasaba horas en el café, deambulaba por las calles, llegaba a casa a altas horas de la noche... A veces, cuando volvía a casa, sentía como un fondo de amargura y de remordimiento» (discurso de ingreso en la Real Academia Española, 1935).

Pasó la Guerra Civil en Francia. En 1940 regresa a Madrid. Desde entonces hasta su muerte, en 1956, se dedica exclusivamente a escribir, alejado de las actividades públicas. El desengaño y la incomprensión le llevaron de su anarquismo juvenil a una postura individualista y escéptica, a la negación de cualquier posibilidad de cambio social.

Vivió con su madre hasta que ella murió, en 1935. Su escaso trato con las mujeres (ni se casó ni mantuvo relaciones estables conocidas con ninguna) y su preferencia por la soledad contribuyeron a forjar la imagen del escritor huraño que nos ha llegado hasta hoy. Aunque esta imagen superficial no debería impedirnos ver al sentimental que era don Pío. La semblanza que de él traza su sobrino, Julio Caro Baroja, es muy elocuente: «Mi tío no estaba contento con nada: ni la política, ni la literatura, ni el arte, ni las costumbres de la gente que bullía cuando él era joven le producían agrado. Pensaba en el pasado o en el porvenir. Su carrera de médico había sido un fracaso y al borde de los treinta años aún no había hecho nada notable, que estuviera a la altura de lo que él sentía, sin duda, que llevaba dentro. Pero de los veintiocho a los cuarenta y dos años, de 1900 a 1914, fue una maravilla lo que produjo. Una tras otra salieron de su cabeza diez o quince novelas estupendas, que causaron asombro, incluso en un país tan poco aficionado a leer como es España. Probablemente con esta producción y con el relativo éxito literario, ya que no económico, el carácter de mi tío cambió algo. Se hizo más tranquilo al tener conciencia de su valer» (*Los Baroja,* Madrid, Taurus, 1988).

Obra

La obra de Baroja es fundamentalmente novelística, aunque publicó algunos poemas y también hizo sus pinitos en el género dramático. Entre relatos, memorias y novelas publicó más de setenta y cinco obras. Durante algunos períodos de su vida llegó a escribir dos novelas al año, lo cual es muchísimo si lo comparas con cualquier otro escritor. Solía agrupar sus novelas en ciclos de tres o cuatro obras con un título común indicativo del tema que trataban.

En la producción novelística de Baroja es frecuente distinguir tres etapas:

— De 1900 a 1912 escribe las novelas más apreciadas por el público y la crítica. Representan su producción más genuinamente noventayochista. Entre otras, pertenecen a este período (señalamos entre paréntesis el ciclo en el que se inscriben): *Aventuras, inventos y mixtificaciones de Silvestre Paradox, Camino de perfección* y *Paradox rey* («La vida fantástica»); *La busca, Mala hierba* y *Aurora roja* («La lucha por la vida»); *Zalacaín el aventurero* («Tierra vasca»); *La ciudad de la niebla* y *El árbol de la ciencia* («La raza»); *Las inquietudes de Shanti Andía* («El mar»).

— Entre 1913 y 1936, sus obras comienzan a poblarse de reflexiones y divagaciones de tipo ensayístico y, por tanto, pierden en frescura y vitalidad. Las *Memorias de un hombre de acción*, serie novelada de veintidós volúmenes cuyo protagonista, Eugenio de Avinareta, fue un aventurero antepasado de Baroja, es de lo más destacado de este momento. También alcanzan una gran calidad *Los pilotos de altura* y *La estrella del capitán Chimista* («El mar»); *Las noches del Buen Retiro, El cura Monleón* y *Locuras de carnaval* («La juventud perdida»).

— Desde 1937 hasta 1956, la calidad de sus novelas decae notablemente. *Susana, Laura o la so-*

ledad sin remedio y *Las veladas del chalet gris*
son tres de las más representativas.

Mucho se ha hablado del estilo y la forma de nove-
lar de Baroja. Parece que el descuido que inicialmen-
te se achacó a su prosa, hoy, sin embargo, se entiende más como una propuesta estética meditada que
se basa en un antirretoricismo militante; es decir, Baroja opuso al recargamiento ampuloso la precisión,
la rapidez, la sequedad. Predomina el argumento sobre el estilo: todo se subordina a la acción. Muy posiblemente ésta sea la causa por la que don Pío sigue
contando hoy con un buen número de lectores entu-
siastas.

AVENTURAS, INVENTOS Y MIXTIFICACIONES DE SILVESTRE PARADOX

*E*N 1901 se publicó esta novela, primera de la trilogía de «La vida fantástica». Muchos críticos la consideran como la primera en la que se muestran las técnicas narrativas más características de Baroja. Además, el fragmentarismo en la presentación de los personajes y su marginalidad anticipa a no pocos héroes noventayochistas.

Silvestre Paradox es un personaje excéntrico, bohemio y estrafalario. Se dedica a realizar inventos inútiles y a la disección de animales, entre otras actividades. Las relaciones que establece con sus amigos, que no son menos extravagantes que él, muestran la vida de la bohemia madrileña. La novela está plagada de momentos de humor, aunque sea un humor cáustico y corrosivo. Te presentamos un fragmento del período de formación de Silvestre. Piensa en cómo será el resto de su vida si sus inicios fueron así.

* * *

El recuerdo más vivo que Silvestre tenía de los primeros años de su vida, en la época del oscuro despertar de la personalidad, era la imagen del solar de unas traperas, cercano a la casa donde se deslizó la infancia de nuestro héroe, en Chamberí, hace treinta y tantos años, antes que este barrio se uniese definitivamente a la villa y corte.

De este recuerdo, que el biógrafo no puede menos de tachar de ordinario y de poco distinguido, pasaba Silvestre, cuando con la imaginación quería recordar su niñez, a otros ya más claros y concretos; pero ninguno de sus recuerdos era de cosas importantes; no podía representarse, por ejemplo, las caras de sus padres ni la de su abuela: su memoria guardaba sólo despojos, cosas descabaladas, como si fuese también choza de trapero. Un gabinete en donde cosía su madre, tapizado con un papel verdoso lleno de barcos que marchaban a toda vela por entre las encrespadas olas del mar, a veces creía tenerlo delante de los ojos.

También recordaba con gran energía la tienda de ultramarinos de enfrente de su casa, con una barrica de sardinas viejas en la entrada, barrica que a la fogosa imaginación de Silvestre se le figuraba un reloj colocado en el suelo; pero lo que más impreso tenía en su memoria era el despacho de su padre, lleno en los estantes de libros, fósiles minerales, y adornado en las paredes con grabados de ilustraciones.

Después recordaba los alborotos domingueros de la Era del Mico, cuando fregatrices y soldados se dedicaban a las delicias del columpio y del baile, mientras que por la calle Real cruzaban calesas, diligencias destartaladas y coches de muerto.

Ciertamente no es agradable para el biógrafo de un hombre célebre el no encontrar en la infancia de éste una frase, un rasgo que indique la futura celebridad del biografiado. Es triste. Además, nos dicen que la ciencia moderna no permite ya atribuir bellos discursos al héroe cuyas acciones se cantan. Lo sentimos por nuestros lectores y por la ciencia moderna.

Silvestre era hijo único. Su padre, doctor en Ciencias, estaba de auxiliar en el Instituto del Cardenal Cisneros, y daba lecciones en un colegio. Hombre de malísima suerte, era bastante paradoxal[1] para estar satisfecho de su ciencia, que si le producía más miserias que otra cosa, también le consolaba de ellas. Las ciencias a las cuales tuvo preferente afición el padre de Silvestre fueron las naturales, y, entre éstas, se dedicó desde mozo, con la asiduidad que le permitían sus obligaciones, preferentemente a la Geología.

Era el profesor hombre de cortedad de genio exagerada; la primera vez que se presentó a oposiciones fue impulsado por su novia, la cual con el tiempo llegó a ser su mujer; aquel arranque de valor quiso repetirlo después de algunos años de casado en otra oposición a cátedras en propiedad; pero tuvo que retirarse porque uno de los contrincantes, andaluz muy gracioso, empezó a hacerle objeciones y objeciones en tono de chunga, y le turbó de tal manera, que, a pesar de decirle todo el mundo que tenía la cátedra segura, Paradox pidió permiso a los profesores del tribunal para retirarse.

Con aquel genio tan apocado era lógico que el padre de Silvestre no prosperase nada; pero como el profesor no tenía apenas necesidades, con el sueldo y alguna que otra lección particular que daba, reunía lo estrictamente necesario para que pudiesen ir tirando mal que bien los individuos de la modesta tribu de los Paradox.

Silvestre de niño era guapo y rubio como las candelas. Así lo decía su abuela.

Un accidente que le pudo costar la vida afeó al futuro gran hombre: un día, mientras su padre estaba clasificando fósiles, dos chicos de la vecindad y Silvestre se encaramaron a un pesado armario vacío que estaba colocado en

---

[1] *paradoxal:* cultismo que significa paradójico. Observa la relación del adjetivo con el apellido de Silvestre.

el pasillo de la casa del profesor, y cuando estaban más descuidados, el armario se les vino encima. Los otros dos chicos quedaron en los huecos de los estantes como caídos en un cepo, y a Silvestre, cuyo sino era sin duda el quedar descalabrado, le cayó el borde de una tabla sobre la nariz.

El padre acudió al grito lanzado por los chicos, y sacando fuerzas de flaqueza levantó el armario con un esfuerzo nervioso, que en un hombre enfermo como estaba hubiera parecido imposible. Entre él y su mujer llevaron a Silvestre chorreando sangre a la casa de un médico homeópata[2] de la vecindad.

El golpe no tuvo consecuencias; pero al cabo de algunos días, cuando la nariz de Paradox hijo iba recobrando, si no su primitiva forma, un aspecto de nariz posible, se cayó por la escalera y se rompió un brazo; en la convalecencia, cuando ya empezaba a consolidarse la fractura, le dieron viruelas y éstas le dejaron como recuerdo unas úlceras en los ojos.

Por esta serie no interrumpida de calamidades, el futuro gran hombre tardó mucho en ir a la escuela, y ya repuesto del todo le llevó su madre a un colegio de la vecindad, dirigido por un maestro andaluz, tartamudo por más señas, a quien los chicos llamaban el Boca-abierta, porque siempre estaba en actitud de papamoscas.

El tal maestro parecía, con su barba cerrada y el pelo negro espesísimo, uno de esos muñecos que salen del interior de una caja cuando se aprieta el resorte. Silvestre no debió de ganarse las simpatías del maestro, porque el andaluz Boca-abierta dijo varias veces a Paradox padre que su chico era muy cazurro y muy bárbaro.

---

[2] *homeópata:* los médicos homeópatas emplean un sistema curativo que consiste en aplicar, en dosis mínimas, las mismas sustancias que provocan la enfermedad.

No se sabe a punto fijo si era la timidez o la torpeza de Silvestre lo que le exasperaba al papamoscas del colegio; pero fuese una cosa u otra, el caso es que el buen maestro ponía las manos de su discípulo encarnadas a fuerza de correazos con una constancia y un empeño dignos de mejor causa. Los chicos le decían a Silvestre que untándose las manos con ajo saltaba la correa y no hacía daño; pero él ensayó este procedimiento y no le dio resultado alguno.

La verdad era que Silvestre en el colegio no aprendía nada, ni siquiera a leer, y, en cambio, sólo de oír a su padre los nombres de los fósiles los recordaba de memoria. Las clases de *trilobites,* sobre todo desde el *paradoxides,* simpático por recordarle su apellido, hasta el *philepsia* y el *phacops,* podía decirlos sin equivocarse nunca.

Una de las cosas, confesemos que no era muy útil, que aprendió Silvestre en la escuela con gran entusiasmo fue el hablar uniendo un sonido cualquiera a cada sílaba de las que forman una palabra, lo que le hacía suponer a él y a los chicos que eran unos políglotas completos. ¡Había un sinnúmero de lenguas! La lengua en *ti,* en *ca,* en *ra,* etc. Así, por ejemplo: *quieres venir,* en la lengua en *ti* era: *ti-quie, ti-res, ti-ve, ti-nir;* pero, en cambio, en la lengua en *ca* era: *ca-quie, ca-res, ca-ve, ca-nir.* Estos conocimientos llenaban de satisfacción a Silvestre y hacían sonreír pálidamente a su padre.

Como he dicho, el pobre naturalista estaba enfermo, se encontraba alicaído, y como no se cuidaba iba de mal en peor; tenía la cara de un Cristo de marfil, las manos huesudas, amarillentas, manos de santo, con los dedos largos y nudosos. Cada día estaba más flaco; Silvestre no notaba esto ni advertía tampoco la tristeza de su madre. Una vez oyó a su padre que le decía a un amigo: «Si no fuera por ellos, moriría contento. Crea usted que deseo

acabar; derretirme en la nada. Estoy fatigado de vivir.»
Silvestre no se preocupó de por qué decía aquello, pero
al cabo de un mes murió su padre, y recordó estas palabras.

Murió el naturalista, sonriendo, un día de enero con
las calles cubiertas de nieve; dio a su mujer algunas ins-
trucciones para el porvenir, y se fue, comprendiendo que
el mundo no era para él, dejando como toda herencia
unos cuantos cajones de fósiles, algunos libros y unos
apuntes que tenían como títulos: «PRUEBAS EN PRO DE
LA TEORÍA DE WEISMAN» y «CONSIDERACIONES ACERCA
DE LA REVOLUCIÓN DE LAS GREGARINAS»[3].

Después de contemplar muchas veces a su padre
muerto, en el gabinete del papel con los barcos, que olía
a cirio y a pintura de la caja fúnebre, cuando Silvestre se
acercó al balcón mientras su madre y su abuela lloraban
y vio el coche mortuorio, modesto, que se alejaba, seguido de dos simones[4], por la carretera blanca, muy blanca,
cubierta de nieve, sintió la primera idea negra de su vida.

¡Oh, qué fría debe de estar la tierra!

---

[3] Ambos títulos hacen referencia a la herencia genética y a los proto-
zoos.

[4] *simones:* tipo de coche de caballos.

LA BUSCA

*E*STE *es uno de los libros cuya lectura te recomendamos más vivamente.* La busca, *que pertenece al ciclo de «La lucha por la vida», fue publicada en 1904. La novela narra la vida de Manuel en el Madrid de principios de siglo. El joven Manuel llega a la capital y, tras ser expulsado de la pensión en la que trabaja su madre, recorre diferentes empleos (ayudante de zapatero, trapero, etc.), a la vez que conoce la marginación y la vida delictiva de los arrabales madrileños.*

En el texto te mostramos el final de la novela (aunque la historia tiene su continuación en los otros dos volúmenes de la trilogía). Manuel, su primo Vidal y el Bizco han participado de la delincuencia juvenil madrileña. El protagonista, después de haber tratado de regenerarse, vuelve a encontrarse con el Bizco. La dureza de la vida marginal se opone a la de los trabajadores. Todo un alegato para quien está tratando de encontrar su lugar en el mundo.

* * *

Estaban asfaltando un trozo de la Puerta del Sol; diez o doce hornillos puestos en hilera vomitaban por sus chimeneas un humo espeso y acre. Todavía las luces blancas de los arcos voltaicos[5] no habían iluminado la plaza; las siluetas de unos cuantos hombres que removían la masa de asfalto en las calderas con largos palos se agitaban diabólicamente ante las bocas inflamadas de los hornillos.

---

[5] *arcos voltaicos:* se refiere a las luces eléctricas.

Manuel se acercó a una de las calderas y oyó que le llamaban. Era el *Bizco;* se hallaba sentado sobre unos adoquines.

—¿Qué hacéis aquí? —le preguntó Manuel.

—Nos han derribado las cuevas de la Montaña —dijo el *Bizco*—, y hace frío. Y tú, ¿qué? ¿Has dejado la casa?

—Sí.

—Anda, siéntate.

Manuel se sentó y se recostó en una barrica de asfalto.

En los escaparates y en los balcones de las casas iban brillando luces; llegaban los tranvías suavemente, como si fueran barcos, con sus faroles amarillos, verdes y rojos; sonaban sus timbres y corrían por la Puerta del Sol, trazando elegantes círculos. Cruzaban coches, caballos, carros, gritaban los vendedores ambulantes en las aceras, había una baraúnda ensordecedora... Al final de una calle, sobre el resplandor cobrizo del crepúsculo, se recortaba la silueta aguda de un campanario.

—Y a Vidal, ¿no lo ves? —preguntó Manuel.

—No. Oye: ¿tú tienes dinero? —dijo el *Bizco*.

—Veinte o treinta céntimos nada más.

—¿Vamos por una libreta[6]?

—Bueno.

Compró Manuel un panecillo, que dio al *Bizco*, y los dos tomaron una copa de aguardiente en una taberna. Anduvieron después correteando por las calles, y a las once, próximamente, volvieron a la Puerta del Sol.

Alrededor de las calderas del asfalto se habían amontonado grupos de hombres y de chiquillos astrosos; dormían algunos con la cabeza apoyada en el hornillo, como si fueran a embestir contra él. Los chicos hablaban y

---

[6] *libreta:* tipo de pan que pesa algo menos de medio kilo.

gritaban, y se reían de los espectadores que se acercaban con curiosidad a mirarles.

—Dormimos como en campaña —decía uno de los golfos.

—Ahora no vendría mal —agregaba otro— pasarse a dar una vuelta por la Plaza Mayor, a ver si nos daban una libra de jamón.

—Tiene trichina[7].

—Cuidado con el colchón de muelles —vociferaba un chato, que andaba con una varita dando en las piernas de los que dormían—. ¡Eh, tú, que estás estropeando las sábanas!

Al lado de Manuel, un chiquillo raquítico, de labios belfos[8] y ojos ribeteados, con uno de los pies envuelto en trapos sucios, lloraba y gimoteaba; Manuel, absorto en sus ideas, no se había fijado en él.

—Pues no berrees tú poco —le dijo al enfermo un muchacho que estaba tendido en el suelo, con las piernas encogidas y la cabeza apoyada en una piedra.

—Es que me duele mucho.

—Pues, amolarse[9]. Ahórcate.

Manuel creyó oír la voz del *Carnicerín,* y miró al que hablaba. Con la gorra puesta sobre los ojos, no se le veía la cara.

—¿Quién es ése? —preguntó Manuel al *Bizco.*

—Es el capitán de los de la Montaña: el *Intérprete.*

—¿Y por qué le habla así a ese chico?

El *Bizco* se encogió de hombros con un ademán de indiferencia.

---

[7]   *trichina:* vulgarismo por triquina, que es una larva que se enquista en el jamón y origina la triquinosis.

[8]   Se aplica a quienes tienen más grueso el labio inferior que el superior.

[9]   *amolarse:* fastidiarse, aguantarse. Como podrás observar, es frecuente el empleo de términos pertenecientes a la jerga juvenil.

—¿Qué te pasa? —le preguntó Manuel al chiquillo.

—Tengo una llaga en un pie —contestó el otro, volviendo a llorar.

—Te callarás —interrumpió el *Intérprete*, soltando una patada al enfermo, el cual pudo esquivar el golpe—. Vete a contar eso a la perra de tu madre... ¡Moler! No se puede dormir aquí.

—Amolarse —gritó Manuel.

—Eso, ¿a quién se lo dices? —preguntó el *Intérprete*, echando la gorra hacia atrás y mostrando su cara brutal de nariz chata y pómulos salientes.

—A ti te lo digo, ¡ladrón!, ¡cobarde!

El *Intérprete* se levantó y marchó contra Manuel; éste, en un arrebato de ira, le agarró del cuello con las dos manos, le dio con el talón derecho un golpe en la pierna, le hizo perder el equilibrio y le tumbó en la tierra. Allí le golpeó violentamente. El *Intérprete*, más forzudo que Manuel, logró levantarse; pero había perdido la fuerza moral, y Manuel estaba enardecido y volvió a tumbarle, e iba a darle con un pedrusco en la cara, cuando una pareja de municipales los separó a puntapiés. El *Intéprete* se marchó de allí avergonzado.

Se tranquilizó el corro, y fueron, unos tras otros, tendiéndose nuevamente alrededor de la caldera.

Manuel se sentó sobre unos adoquines; la lucha le había hecho olvidar el golpe recibido a la tarde; se sentía valiente y burlón, y encarándose con los curiosos que contemplaban el corro, unos con risas y otros con lástima, se puso a hablar con ellos.

—Se va a terminar la sesión —les dijo—. Ahora van a dar comienzo los grandes ejercicios de canto. Vamos a empezar a roncar, señores. ¡No se inquieten los señores del público! Tendremos cuidado con las sábanas. Mañana las enviaremos a lavar al río. Ahora es el momento. El que quiera —señalando una piedra— puede aprovecharse de estas almohadas. Son almohadas finas, como las gastan los marqueses del Archipipi. El que no quiera, que se vaya y no moleste. ¡Ea!, señores: si no pagan, llamo a la criada y digo que cierre...

—Pero si a todos éstos les pasa lo mismo —dijo uno de los golfos—; cuando duermen van al mesón de la Cuerda. Si todos tienen cara de hambre.

Manuel sentía una verbosidad de charlatán. Cuando se cansó, se apoyó en un montón de piedras y, con los brazos cruzados, se dispuso a dormir.

Poco después el grupo de curiosos se había dispersado; no quedaban más que un municipal y un señor viejo, que hablaban de los golfos en tono de lástima.

El señor se lamentaba del abandono en que se les dejaba a los chicos, y decía que en otros países se creaban escuelas y asilos y mil cosas. El municipal movía la cabeza en señal de duda. Al último resumió la conversación, diciendo con tono tranquilo de gallego:

—Créame usted a mí: éstos ya no son buenos.

Manuel, al oír aquello, se estremeció; se levantó del suelo en donde estaba, salió de la Puerta del Sol y se puso a andar sin dirección ni rumbo.

«¡Éstos ya no son buenos!» La frase le había producido una impresión profunda. ¿Por qué no era bueno él? ¿Por qué? Examinó su vida. Él no era malo, no había hecho daño a nadie. Odiaba al *Carnicerín* porque le arrebataba su dicha, le imposibilitaba vivir en el rincón donde únicamente encontró algún cariño y alguna protección. Después, contradiciéndose, pensó que quizá era malo y, en ese caso, no tenía más remedio que corregirse y hacerse mejor.

[...]

La noche le pareció interminable: dio vueltas y más vueltas; apagaron la luz eléctrica, los tranvías cesaron de pasar, la plaza quedó a oscuras.

Entre la calle de la Montera y la de Alcalá iban y venían delante de un café, con las ventanas iluminadas, mujeres de trajes claros y pañuelos de crespón, cantando, parando a los noctámbulos; unos cuantos chulos, agazapados tras de los faroles, las vigilaban y charlaban con ellas, dándoles órdenes...

Luego fueron desfilando busconas, chulos y celestinas. Todo el Madrid parásito, holgazán, alegre, abandonaba en aquellas horas las tabernas, los garitos, las casas de juego, las madrigueras y los refugios del vicio, y por en medio de la miseria que palpitaba en las calles, pasaban los trasnochadores con el cigarro encendido, hablando, riendo, bromeando con las busconas, indiferentes a las agonías de tanto miserable desharrapado, sin pan y sin techo, que se refugiaba temblando de frío en los quicios de las puertas.

Quedaban algunas viejas busconas en las esquinas, envueltas en el mantón, fumando...

Tardó mucho en aclarar el cielo; aún de noche, se armaron puestos de café; los cocheros y los golfos se acercaron a tomar su vaso o su copa. Se apagaron los faroles de gas.

Danzaban las claridades de las linternas de los serenos en el suelo gris, alumbrado vagamente por el pálido claror del alba, y las siluetas negras de los traperos se detenían en los montones de basura, encorvándose para escarbar en ellos. Todavía algún trasnochador pálido, con el cuello del gabán levantado, se deslizaba siniestro como un búho ante la luz, y mientras tanto comenzaban a pasar obreros... El Madrid trabajador y honrado se preparaba para su ruda faena diaria.

Aquella transición del bullicio febril de la noche a la actividad serena y tranquila de la mañana le hizo pensar a Manuel largamente.

Comprendía que eran las de los noctámbulos y las de los trabajadores vidas paralelas que no llegaban ni un momento a encontrarse. Para los unos, el placer, el vicio, la noche; para los otros, el trabajo, la fatiga, el sol. Y pensaba también que él debía ser de éstos, de los que trabajan al sol, no de los que buscan el placer en la sombra.

ZALACAÍN EL AVENTURERO

HE aquí el argumento de la novela. Martín Zalacaín nace y se cría en un pequeño pueblo vasconavarro. Su formación y su enfrentamiento con el hijo de los ricos del pueblo ocupan la primera parte. En la segunda, ya mayor, corre mil aventuras, se dedica al contrabando y se ve envuelto en la guerra carlista. La tercera parte nos muestra a un Zalacaín convertido en héroe y felizmente casado, y cómo es asesinado a traición.

El texto pertenece a la tercera parte, en los momentos previos a una batalla. Observa la importancia que tiene el paisaje para el desarrollo de la acción.

* * *

LA BATALLA CERCA DEL MONTE AQUELARRE

Martín llegó al alto de Maya al amanecer, subió un poco por la carretera y vio que venía la tropa. Se reunió con Briones, y ambos se pusieron a la cabeza de la columna.

Al llegar a Zugarramurdi, comenzaba a clarear. Sobre el pueblo, las cimas del monte, blancas y pulidas por la lluvia, brillaban con los primeros rayos del sol.

De esta blancura de las rocas procedía el nombre del monte Arrizuri (piedra blanca), en vasco, y Peñaplata, en castellano.

Martín tomó el sendero que bordea un torrente. Una capa de arcilla humedecida cubría el camino, por el cual los caballos y los hombres se resbalaban. El sendero tan pronto se acercaba a la torrentera, llena de malezas y de troncos podridos de árboles, como se separaba de ella. Los soldados caían en este terreno resbaladizo. A cierta altura, el torrente era ya un precipicio, por cuyo fondo, lleno de matorrales, se precipitaba el agua brillante.

Mientras marchaban Martín y Briones a caballo, fueron hablando amistosamente. Martín felicitó a Briones por sus ascensos.

—Sí, no estoy descontento —dijo el comandante—; pero usted, amigo Zalacaín, es el que avanza con rapidez; si sigue así, si en estos años adelanta usted lo que ha adelantado en los cinco pasados, va usted a llegar donde quiera.

—¿Creerá usted que yo ya no tengo casi ambición?

—¿No?

—No. Sin duda eran los obstáculos los que me daban antes bríos y fuerza, el ver que todo el mundo se plantaba a mi paso para estorbarme. Que uno quería vivir, el obstáculo; que uno quería a una mujer y la mujer le quería a uno, el obstáculo también. Ahora no tengo obstáculo, y ya no sé qué hacer. Voy a tener que inventarme otras ocupaciones y otros quebraderos de cabeza.

—Es usted la inquietud personificada, Martín —dijo Briones.

—¿Qué quiere usted? He crecido salvaje como las hierbas y necesito la acción, la acción continua. Yo muchas veces pienso que llegará un día en que los hombres podrán aprovechar las pasiones de los demás en algo bueno.

—¿También es usted soñador?

—También.

—La verdad es que es usted un hombre pintoresco, amigo Zalacaín.

—Pero la mayoría de los hombres son como yo.

—¡Oh, no! La mayoría somos gente tranquila, pacífica, un poco muerta.

—Pues yo estoy vivo, eso sí; pero la misma vida que no puedo emplear se me queda dentro y se me pudre. Sabe usted, yo quisiera que todo viviese, que todo comenzara a marchar, no dejar nada parado, empujar todo al movimiento, hombres, mujeres, negocios, máquinas, minas, nada quieto, nada inmóvil...

—Extrañas ideas —murmuró Briones.

Concluía el camino y comenzaban las sendas a dividirse y a subdividirse, escalando la altura.

Al llegar a este punto, Martín avisó a Briones que era conveniente que sus tropas estuviesen preparadas, pues al final de estas sendas se encontrarían en terreno descubierto y desprovisto de árboles.

Briones mandó a los tiradores de la vanguardia que preparasen sus armas y fueran avanzando despacio, en guerrilla.

—Mientras unos van por aquí —dijo Martín a Briones— otros pueden subir por el lado opuesto. Hay allá arriba una explanada grande. Si los carlistas se parapetan entre las rocas van a hacer una mortandad terrible.

Briones dio cuenta al general de lo dicho por Martín, y aquél ordenó que medio batallón fuera por el lado indicado por el guía. Mientras no oyeran los tiros del grueso de la fuerza no debían atacar.

Zalacaín y Briones bajaron de sus caballos y tomaron por una senda y durante un par de horas fueron rodeando el monte, marchando entre helechos.

—Por esta parte, en una calvera del monte, en donde hay como una plazuela formada por hayas —dijo Martín—, deben tener centinelas los carlistas; si no, por ahí podemos subir hasta los altos de Peñaplata, sin dificultad.

Al acercarse al sitio indicado por Martín, oyeron una voz que cantaba. Sorprendidos, fueron despacio acortando la distancia.

—No serán las brujas —dijo Martín.

—¿Por qué las brujas? —preguntó Briones.

—¿No sabe usted que estos son los montes de las brujas? Aquél es el Aquelarre —contestó Martín.

—¿El Aquelarre? ¿Pero existe?

—Sí.

—¿Y quiere decir algo en vascuence ese nombre?

—¿Aquelarre?... Sí, quiere decir Prado del Macho Cabrío.

—¿El macho cabrío será el demonio?

—Probablemente.

La canción no la cantaban las brujas, sino un muchacho que, en compañía de diez o doce, estaba calentándose alrededor de una hoguera.

Uno cantaba canciones liberales y carlistas, y los otros le coreaban.

No habían comenzado a oírse los primeros tiros, y Briones y su gente esperaron tendidos entre los matorrales.

Martín sentía como un remordimiento, al pensar que aquellos alegres muchachos iban a ser fusilados dentro de unos momentos.

La señal no se hizo esperar, y no fue un tiro, sino una serie de descargas cerradas.

—¡Fuego! —gritó Briones.

Tres o cuatro de los cantores cayeron a tierra, y los demás, saltando entre breñales[10], comenzaron a huir y a disparar.

La acción se generalizaba; debía de ser furiosa, a juzgar por el ruido de fusilería. Briones, con su tropa, y Martín

---

[10] *breñales:* tierras quebradas entre peñas y pobladas de maleza.

subían por el monte a duras penas. Al llegar a los altos,
los carlistas, cogidos entre dos fuegos, se retiraron.

La gran explanada del monte estaba sembrada de heri-
dos y de muertos. Iban recogiéndolos en camillas. Todavía seguía la acción; pero, poco después, una columna de
ejército avanzaba por el monte por otro lado, y los carlistas huían a la desbandada hacia Francia.

**LAS INQUIETUDES
DE SHANTI ANDÍA**

*J*UNTO con Los pilotos de altura, La estrella del capitán Chimista y El laberinto de las sirenas, *integra la serie titulada «El mar». Las aventuras marineras son el común denominador de todas ellas.*

Publicada el mismo año que El árbol de la ciencia, *1911,* Las inquietudes... *recoge de forma autobiográfica las aventuras y recuerdos de un viejo marino vasco ya retirado, el capitán Shanti Andía. La novela presenta naufragios, viajes y tempestades casi sin solución de continuidad: importa más la multitud de relatos intercalados que la vida del mismo Shanti. El texto que hemos elegido se encuentra en la parte central de la obra. Fíjate especialmente en la capacidad para mantener la atención que tiene la prosa barojiana.*

* * *

LA GRUTA DEL IZARRA

Nos asomamos a la borda. El *Cachalote* estaba hundido sujeto a la amarra.

Sin duda, al chocar el bote con alguna piedra, se había abierto. ¿Qué íbamos a hacer? ¿Cómo volver a Lúzaro?

Zelayeta propuso subirse al trozo de palo más alto de los dos que quedaban a la goleta, y pedir auxilio desde allí, si pasaba cerca alguna lancha pescadora; pero este remedio era lento y poco eficaz. A Recalde debió parecerle, además, el procedimiento un tanto humillante, y dijo que teníamos que sacar el bote.

Entre los tres, tirando de la amarra, pudimos extraer del agua la chanela[11] sumergida; pero no teníamos fuerza para subirla hasta la cubierta del *Stella Maris,* y fuimos llevándola hasta el lado donde no azotaban las olas, entre el barco y Frayburu.

Así dejamos el bote, medio atado, medio sostenido en el agua. Recalde se desnudó, se descolgó por un trozo de escala hasta sostenerse en unas rocas, y él empujando, y Zelayeta y yo tirando de la cuerda, logramos poner la lanchita a flote. A mí me daba espanto ver a Recalde en medio del agua, y le dije que subiera, pero él afirmó que no corría el menor peligro.

El *Cachalote* tenía entre las costillas una rajadura como de un palmo de larga.

—Echadme trozos de cuerda —dijo Recalde.

Le echamos todos los que pudimos encontrar, y fue rellenando la abertura hasta cerrarla por completo. Como las cuerdas estaban empapadas en brea, servían muy bien. Después, cuando concluyó de cerrar la vía de agua, dijo:

—Dadme la ropa.

Le echamos la ropa, y se fue vistiendo despacio.

—Aquí no podemos ir más que dos —añadió—. Esto no resiste más; uno que reme y otro que vaya achicando el agua y teniendo cuidado de que no se abra el boquete. ¿Quién de vosotros va a venir?

—Dilo tú —contestó Zelayeta, no muy entusiasmado.

—Bueno; que venga Shanti. ¿Dónde está el achicador?

—Debe estar en el bote, si no se ha ido al agua —le dije yo.

---

[11] *chanela:* barca.

—Sin achicador no podemos hacer nada —murmuró Recalde.

Lo buscamos, y lo vimos flotando a poca distancia.

—Vamos, baja —me dijo Recalde.

Me descolgué un poco emocionado. La posibilidad de ir a explorar la gran sima negra de que hablaba Yurrumendi se iba haciendo cada vez mayor. Me veía como aquel marinero del *Stella Maris,* que el mar había arrojado a una peña, con la cara carcomida y sin una mano.

—Hasta salir de las rocas rema tú —me dijo Recalde—; yo guiaré.

Comencé a remar; miraba con terror el suelo del bote, que se iba llenando de agua. Recalde dirigía; la marea estaba en su pleno; pasamos por encima de los arrecifes, sin el menor contratiempo. Dejamos Frayburu a un lado y nos dirigimos hacia el Izarra.

Al salir de entre las peñas, en donde se rompían las olas, cambiamos de sitio.

—Ahora, yo remaré —dijo Recalde—; tú no hagas más que ir achicando.

Era tiempo, porque el bote iba haciendo agua; tenía yo los pies y los pantalones mojados. Me puse a trabajar con el achicador, con brío, y conseguí que el nivel del agua dentro del bote disminuyera muchísimo.

Pensábamos dar la vuelta al monte Izarra y atracar en la punta del Faro. Cuando se cansó Recalde de remar, le substituí yo. No quería mirar a tierra para no ver la distancia que nos separaba.

Además nos encontrábamos enfrente de la gruta del Izarra, de que tanto hablaba Yurrumendi, y nos daba cierto temor.

Al cambiar de sitio no sé qué hicimos; el tapón de la abertura debió moverse, y empezó a inundarse de nuevo el bote. Recalde se agachó e intentó cerrar la vía de agua, pero no lo consiguió. Yo dejé de remar.

—Dame el pañuelo —me gritó él.

Le di el pañuelo.

—A ver, la boina.

Le di la boina, y mientras tanto me puse a sacar agua para no pensar en la situación desesperada en que nos veíamos. Recalde cerraba el agujero por un lado, pero se le abría por otro. Sudaba sin conseguir su objeto.

—¿Sabes nadar? —me dijo, ya comenzando a asustarse de veras.

—Muy poco —contesté yo con un estoicismo[12] siniestro.

Recalde persistió en sus tentativas, y llegó a impedir que siguiera inundándose el bote.

Estábamos a unos doscientos metros de la gruta del Izarra.

—Habrá que ir directamente a la cueva —dije yo.

—¡A la cueva! ¿Para qué? —preguntó Recalde, sobresaltado.

—No habrá más remedio. Si no se nos va a abrir el *Cachalote* antes de llegar a la punta del Faro.

—Sí, es verdad; vamos.

Comencé a remar despacio, con cuidado, haciendo la menor violencia para que no saltaran los tapones del bote. Yo miraba a Recalde, y Recalde miraba el agujero enorme del Izarra, que iba haciéndose más grande a medida que nos acercábamos.

Veía el terror representado en los ojos de mi compañero. La sima abría ante nosotros su boca llena de espumas. Me esforcé en hablar tranquilamente a Recalde y en convencerle de que toda la fantasmagoría

---

[12] *estoicismo:* fortaleza y dominio.

atribuida a la gruta era sólo para asustar a los chiquillos.

Cuando yo me volví me quedé sobrecogido. Aquello
parecía la puerta de una inmensa catedral irregular edifi-
cada sobre el agua. Dos grandes lajas[13] de pizarra negra la
limitaban. Nos acercamos; nuestro estupor aumentaba.

Fuimos bordeando algunas rocas de la entrada de la
cueva: extraños y fantásticos centinelas. Recalde, en el
fondo mucho más supersticioso que yo, no quería mirar.
Cuando le insté para que contemplara el interior de la
gruta, me dijo rudamente:

—¡Déjame!

Yo, al ver aquella decoración, comencé a perder el
miedo. Miraba con una curiosidad redoblada. El momento de acercarnos a la entrada fue para nosotros solemne. Dentro de la gruta negra todo era blanco; parecía
que habían metido en aquella oquedad los huesos de un
megaterio[14] grande como una montaña; unas rocas tenían figura de tibias y metacarpos, de vértebras y esfenoi-
des; otras parecían agujas solitarias, obeliscos, chimeneas,
pedestales sobre los que se adivinaba el perfil de un hombre o de un pájaro; otras, roídas, tenían el aspecto de
verdaderos encajes de piedra formados por el mar.

Las nubes, al pasar por el cielo aclarando u obscure-
ciendo la boca de la cueva, cambiaban aparentemente las
formas de las cosas.

Era un espectáculo de pesadilla, de una noche de fiebre.

El mar hervía en el interior de aquella espelunca[15] y la
ola producía el estruendo de un cañonazo, haciendo re-

---

[13] *lajas:* planchas.
[14] *megaterio:* mamífero prehistórico de grandes huesos que mide
unos seis metros de longitud por dos de altura.
[15] *espelunca:* cueva.

temblar las entrañas del monte. Recalde estaba aterrado, demudado.

—Es la puerta del infierno —dijo en vascuence en voz baja, y se santiguó varias veces.

Yo le dije que no tuviera miedo, no nos pasaba nada. Él me miró algo asombrado de mi serenidad.

—¿Qué hacemos? —murmuró.

—¿No habrá sitio donde atracar? —le pregunté.

Las paredes, hasta bastante altura, eran lisas. Recalde, que las miraba desesperadamente, vio una especie de plataforma, que seguía formando una cornisa a unos tres metros de altura sobre el agua.

Nos acercamos a ella.

—A ver si cuando estemos cerca puedes saltar arriba —me dijo Recalde.

Era imposible, no había saliente donde agarrarse y el bote se movía.

—¿Si echáramos el ancla? —me preguntó mi compañero.

—¿Para qué? Aquí debe haber mucho fondo —contesté yo.

Me acordaba de lo que decía Yurrumendi.

—¿Qué hacemos entonces? ¿Salir de este agujero? —preguntó.

Recalde estaba deseándolo.

—Echa el ancla ahí arriba, a ver si se sujeta —le dije yo, indicando aquella especie de balcón.

Lo intentamos, y a la tercera vez uno de los garfios quedó entre las piedras. Subí yo por la cuerda a la plataforma y después él. Desenganchamos el ancla, por si la cuerda nos podía servir, y descansamos. Estábamos sobre una cornisa de piedra carcomida, llena de agujeros y de lapas, que corría en pendiente suave hacia el interior de la cueva. Unos pasos más adentro, en su borde había un tronco de árbol, lo que me dio la impresión de que esta cornisa era un camino que llevaba a alguna parte. El *Cachalote,* abandonado ya, lleno de agua, comenzó a marchar hacia el fondo de la gruta, dio en una piedra y se hundió rápidamente.

Yo me adelanté unos metros.

La cornisa en donde estábamos se continuaba siempre con aquel tronco de árbol carcomido en el borde.

—Vamos a ver si de aquí se puede salir a algún lado —dije yo.

—Vamos —repitió Recalde, tembloroso.

Realmente, si no teníamos salida, nuestra situación en vez de mejorar había empeorado. Avanzamos con precaución, afirmando el paso; al principio se veía bien, luego la obscuridad se fue haciendo intensa. Las olas entraban y hacían retemblarlo todo; rugían furiosas con su voz ronca en medio de las tinieblas, y aquel estrépito del mar parecía una algarabía infernal de clamores y de lamentos.

A los treinta o cuarenta pasos de negrura comenzamos a ver delante de nosotros una pálida claridad. Se adivinaban a esta luz incierta las pirámides afiladas de las rocas, las estalactitas blancas del techo y, abajo, el mar hirviendo en espumas semejaba una aglomeración de monstruos de plata revolviéndose en un torbellino. Era realmente extraordinario. El choque de las olas hacía temblar las rocas, y su ruido iba repercutiendo en todos los agujeros y anfractuosidades[16] de la gruta.

---

[16] *anfractuosidades:* cavidades irregulares.

EL ÁRBOL DE LA CIENCIA

*P*ARA *muchos,* El árbol de la ciencia *es la mejor novela de Pío Baroja. A pesar de lo exagerado de la opinión, lo cierto es que, además de ser una excelente novela, retrata como pocas el sentir noventayochista.*

La obra narra la vida de Andrés Hurtado, desde su etapa de formación hasta su suicidio, al que se ve abocado al morir su esposa y el hijo que esperaba en el parto. Como el mismo Baroja, Andrés estudia Medicina en Madrid y se marcha a un pueblo a ejercer. La obra tiene, por tanto, algunos rasgos autobiográficos, aunque la psicología de Andrés se aleje bastante de la del autor.

Son muchos los textos interesantes que se pueden leer en la novela (como la reflexiones de Iturrioz, tío de Andrés: «El árbol de la ciencia no se dice cómo era; probablemente sería mezquino y triste...»), pero nos hemos inclinado por la descripción de Alcolea del Campo, el pueblo al que va a trabajar Andrés. Alcolea nos muestra esa visión de España desesperanzada, pesimista y amarga tan típicamente barojiana.

* * *

ALCOLEA DEL CAMPO

Las costumbres de Alcolea eran españolas puras, es decir, de un absurdo completo.

El pueblo no tenía el menor sentido social; las familias se metían en sus casas, como los trogloditas en su cueva.

No había solidaridad; nadie sabía ni podía utilizar la fuerza de la asociación. Los hombres iban al trabajo y a veces al casino. Las mujeres no salían más que los domingos a misa.

Por falta de instinto colectivo, el pueblo se había arruinado.

En la época del tratado de los vinos con Francia, todo el mundo, sin consultarse los unos a los otros, comenzó a cambiar el cultivo de sus campos, dejando el trigo y los cereales y poniendo viñedos; pronto el río de vino de Alcolea se convirtió en río de oro. En este momento de prosperidad, el pueblo se agrandó, se limpiaron las calles, se pusieron aceras, se instaló la luz eléctrica...; luego vino la terminación del tratado, y como nadie sentía la responsabilidad de representar al pueblo, a nadie se le ocurrió decir: «Cambiemos el cultivo; volvamos a nuestra vida antigua; empleemos la riqueza producida por el vino en transformar la tierra para las necesidades de hoy.» Nada.

El pueblo aceptó la ruina con resignación.

—Antes éramos ricos —se dijo cada alcoleano—. Ahora seremos pobres. Es igual; viviremos peor; suprimiremos nuestras necesidades.

Aquel estoicismo acabó de hundir al pueblo.

Era natural que así fuese; cada ciudadano de Alcolea se sentía tan separado del vecino como de un extranjero. No tenían una cultura común (no la tenían de ninguna clase); no participaban de admiraciones comunes: sólo el hábito, la rutina, les unía; en el fondo, todos eran extraños a todos.

Muchas veces a Hurtado le parecía Alcolea una ciudad en estado de sitio. El sitiador era la moral, la moral católica. Allí no había nada que no estuviera almacenado y recogido: las mujeres, en sus casas; el dinero, en las carpetas; el vino, en las tinajas.

Andrés se preguntaba: «¿Qué hacen estas mujeres? ¿En qué piensan? ¿Cómo pasan las horas de sus días?» Difícil era averiguarlo.

Con aquel régimen de guardarlo todo, Alcolea gozaba de un orden admirable; sólo un cementerio bien cuidado podía sobrepasar tal perfección.

Esta perfección se conseguía haciendo que el más inepto fuera el que gobernara. La ley de selección en pueblos como aquél se cumplía al revés. El cedazo iba separando el grano de la paja, luego se recogía la paja y se desperdiciaba el grano. Algún burlón hubiera dicho que este aprovechamiento de la paja entre españoles no era raro. Por aquella selección a la inversa resultaba que los más aptos allí eran precisamente los más ineptos.

En Alcolea había pocos robos y delitos de sangre; en cierta época los había habido entre jugadores y matones; la gente pobre no se movía, vivía en una pasividad lánguida; en cambio, los ricos se agitaban, y la usura iba sorbiendo toda la vida de la ciudad.

El labrador de humilde pasar, que durante mucho tiempo tenía una casa con cuatro o cinco parejas de mulas, de pronto aparecía con diez, luego con veinte; sus tierras se extendían cada vez más, y él se colocaba entre los ricos.

La política de Alcolea respondía perfectamente al estado de inercia y desconfianza del pueblo. Era una política de caciquismo, una lucha entre dos bandos contrarios, que se llamaban el de los *Ratones* y el de los *Mochuelos;* los *Ratones* eran liberales, y los *Mochuelos,* conservadores.

En aquel momento dominaban los *Mochuelos*. El *Mochuelo* principal era el alcalde, un hombre delgado, vestido de negro, muy clerical, cacique de formas suaves, que suavemente iba llevándose todo lo que podía del Municipio.

El cacique liberal del partido de los *Ratones* era don Juan, un tipo bárbaro y despótico, corpulento y forzudo, con unas manos de gigante, hombre que, cuando entraba a mandar, trataba al pueblo en conquistador. Este gran *Ratón* no disimulaba como el *Mochuelo;* se quedaba con todo lo que podía, sin tomarse el trabajo de ocultar decorosamente sus robos.

Alcolea se había acostumbrado a los *Mochuelos* y a los *Ratones,* y los consideraba necesarios. Aquellos bandidos eran los sostenes de la sociedad; se repartían el botín: tenían unos para otros un *tabú especial,* como el de los polinesios. Andrés podía estudiar en Alcolea todas aquellas manifestaciones del árbol de la vida, y de la vida áspera manchega: la expansión del egoísmo, de la envidia, de la crueldad, del orgullo.

A veces pensaba que todo esto era necesario; pensaba también que se podía llegar, en la indiferencia intelectualista, hasta disfrutar contemplando estas expansiones, formas violentas de la vida.

«¿Por qué incomodarse, si todo está determinado, si es fatal, si no puede ser de otra manera? —se preguntaba—. ¿No era científicamente un poco absurdo el furor que le entraba muchas veces al ver las injusticias del pueblo? Por otro lado, ¿no estaba también determinado, no era fatal el que su cerebro tuviera una irritación que le hiciera protestar contra aquel estado de cosas violentamente?»

Andrés discutía muchas veces con su patrona. Ella no podía comprender que Hurtado afirmase que era mayor delito robar a la comunidad, al Ayuntamiento, al Estado, que robar a un particular. Ella decía que no; que defraudar a la comunidad no podía ser tanto como robar a una persona. En Alcolea, casi todos los ricos defraudaban a la Hacienda, y no se les tenía por ladrones.

Andrés trataba de convencerla de que el daño hecho con el robo a la comunidad era más grande que el producido contra el bolsillo de un particular; pero la Dorotea no se convencía.

—¡Qué hermosa sería una revolución —decía Andrés a su patrona—, no una revolución de oradores y de miserables charlatanes, sino una revolución de verdad! *Mochuelos* y *Ratones,* colgados de los faroles, ya que aquí no hay árboles; y luego, lo almacenado por la moral católica sacarlo de sus rincones y echarlo a la calle: los hombres, las mujeres, el dinero, el vino, todo a la calle.

Dorotea se reía de estas ideas de su huésped, que le parecían absurdas.

Como buen epicúreo[17], Andrés no tenía tendencia alguna por el apostolado.

Los del Centro republicano le habían dicho que diera conferencias acerca de la higiene; pero él estaba convencido de que todo aquello era inútil, completamente estéril.

¿Para qué? Sabía que ninguna de estas cosas había de tener eficacia, y prefería no ocuparse de ellas.

Cuando le hablaban de política, Andrés decía a los jóvenes republicanos:

—No hagan ustedes un partido de protesta. ¿Para qué? Lo menos malo que puede ser es una colección de retóricos y de charlatanes; lo más malo es que sea otra de *Mochuelos* o de *Ratones.*

—¡Pero, don Andrés! ¡Algo hay que hacer!

—¡Qué van ustedes a hacer! ¡Es imposible! Lo único que pueden ustedes hacer es marcharse de aquí.

---

[17] *epicúreo:* que busca la felicidad en los placeres.

AZORÍN
el arte del detalle

José Martínez Ruiz nació en Monóvar, un pueblo de Alicante, en 1873. Tras estudiar Derecho en varias ciudades españolas, se instaló en Madrid, en donde entabló amistad con los hermanos Baroja, Maeztu y el resto del mundo literario madrileño. Desde su juventud sintió una fuerte inclinación a participar en política y, de hecho, adoptó en sus primeros años una actitud decididamente anarquista, hasta el punto de traducir algunas de las obras de los grandes anarquistas europeos, como Kropotkin y Faure. El paso de los años le fue llevando hacia posiciones mucho más conservadoras: primero apoyó la dictadura de Primo de Rivera para, más adelante, tras pasar la guerra en París, acomodarse al franquismo. En 1924 ingresó en la Real Academia. Murió en Madrid, en 1967.

Desde su llegada a Madrid, en 1896, se dedicó al periodismo y la literatura. Sus artículos tenían el común denominador de provocar airadas respuestas. *Azorín*, siempre sereno y comedido, se limitaba a soportarlas estoicamente, hasta que, según relata Ricardo Baroja, en una ocasión se enfrentó a los autores de la respuesta. Así lo recuerda el hermano de Pío:

—¿Qué es lo que usted haría?
—Pues, ahora mismo, iría a la horchatería de Candela de la calle de Alcalá, donde, seguro, está el autor de ese artículo, y sin decirle una palabra, sin amenazarle, madrugando, porque quien ha escrito ese artículo no merece ninguna consideración y, además, porque, según

opinión de Quevedo, vale más ser adelantado de un golpe que de Castilla, le pegaría dos puñetazos en la cara y trataría de derribarle al suelo para patearle todo lo que pudiera...

Azorín apenas me dejó terminar. Abandonando a los Horacios, se marchó a la calle. Comentando la decidida marcha del amigo quedamos los dos hermanos. Al cabo de media hora llamaron a la puerta, y salí a abrirla. *Azorín* entró. La corbarta, no demasiado floja; el rostro, pálido, y un chirlo en la mejilla.

—Me he pegado con ése —dijo [...].

Desde entonces no se volvió a maltratar a *Azorín* de manera desconsiderada y soez.

Gente del 98, ed. Cátedra

Junto con Maeztu y Baroja formó el conocido grupo de *Los Tres,* al que ya nos hemos referido en la Introducción.

Su talante conservador, tanto en cuestiones políticas como religiosas (pasó del anticlericalismo de su juventud a profesar con firmeza la fe católica), le lleva a una literatura cuya máxima aspiración es la fijación de los momentos fugaces, de aquellos pequeños detalles irrelevantes, a destacar, en suma, los «primores de lo vulgar».

Obra

El ensayo es el género en el que la obra de *Azorín* alcanza mayores logros. Sus descripciones minuciosas, la precisión léxica y la concisión son las características más destacables de obras como *Los pueblos* (1905), *Castilla* (1912), *La ruta de don Quijote* (1905) o *Clásicos y modernos* (1913). Casi todos ellos son recopilaciones de artículos aparecidos antes en la prensa. Desde el punto de vista temático, *Azorín* siente preferencia por el paisaje castellano y por la literatura (no en vano, como ya dijimos, él fue quien acuñó el término de «generación del 98»).

La trilogía compuesta por *La voluntad* (1902), *Antonio Azorín* (1903) y *Las confesiones de un pequeño filósofo* (1904) constituye lo mejor de su producción novelística. El argumento, casi siempre esquematizado, se encuentra al servicio de las evocaciones y de la descripción de paisajes y tipos. *Azorín* aportó una visión tremendamente personal del hecho novelístico, aunque apenas tuviera trascendencia. Las tres novelas que hemos mencionado están protagonizadas por Antonio Azorín, personaje del que Martínez Ruiz tomó su seudónimo.

El teatro azoriniano trató, sin conseguirlo, de renovar la escena española. Obras como *Old Spain* (1926) y *Brandy, mucho brandy* (1927) no pudieron llegar al gran público por carecer de sentido teatral: todo en ellas es simbolismo, sin apenas acción.

LA GENERACIÓN DEL 98

*E*L texto que te presentamos a continuación corresponde al fragmento final del artículo «La generación de 1898» y que Martínez Ruiz recogió en Clásicos y modernos. Como ya señalamos en la Introducción, ésta es la primera propuesta de agrupar a unos escritores en torno a esa fecha y, a pesar de notables discrepancias (la de Baroja incluida), lo cierto es que tardó muy poco en calar el término como identificador de una forma de sentir el tema de España.

Los estudios literarios, por el componente histórico que conllevan, a menudo necesitan del paso del tiempo para analizar con más detalle la realidad en la que se insertan. Sin embargo, Azorín demuestra en este artículo una enorme lucidez al ser capaz de extraer una poética común a la vez que se estaban redactando escritos fundamentales para el noventayochismo.

Como verás, se citan a un buen número de escritores (Pereda, Baroja, Echegaray, Campoamor, Góngora, Verlaine...). Sólo son importantes en cuanto que sirven para afirmar o negar el espíritu del 98. Si lo encuentras preciso, puedes acudir a una enciclopedia para conocer sus trayectorias literarias, aunque no lo creemos necesario para entender este texto.

* * *

Un espíritu de protesta, de rebeldía, animaba a la juventud de 1898. Ramiro de Maeztu escribía impetuosos y ardientes artículos en los que se derruían los valores tradicionales y se anhelaba una España nueva, poderosa. Pío Baroja, con su análisis frío, reflejaba el paisaje castellano e introducía en la novela un hondo espíritu de disociación; el viejo estilo rotundo, ampuloso, sonoro, se rompía en sus manos y se transformaba en una notación algebraica, seca, escrupulosa. Valle-Inclán, con su altivez de gran señor, con sus desmesuradas melenas, con su refinamiento del estilo, atraía profundamente a los escritores novicios y les deslumbraba con la visión de un paisaje y de unas figuras sugeridas por el Renacimiento italiano: los vastos y gallardos palacios, las escalinatas de mármol, las viejas estatuas que blanquean, mutiladas, entre los mirtos[1] seculares; las damas desdeñosas y refinadas que pasean por los jardines en que hay estanques con aguas verdosas y dormidas.

[...]

El movimiento de protesta comenzaba a inquietar a la generación anterior. No seríamos exactos si no dijéramos que el renacimiento literario de que hablamos no se inicia precisamente en 1898. Si la protesta se define en ese año, ya antes había comenzado a manifestarse más o menos vagamente. Señales de ello vemos, por ejemplo, en 1897; en febrero de ese año uno de los más prestigiosos escritores de la generación anterior —don José María de Pereda— lee su discurso de recepción en la Academia Española. La obsesión persistente de la literatura nueva se percibe a lo largo de todas esas páginas arbitrarias. Pereda habla en su trabajo de ciertos *modernistas* partidarios del cosmopolitismo literario; contra los tales arremete furiosamente. Pero páginas más adelante, el autor, no

---

[1] *mirtos:* arrayanes, arbustos.

contento con embestir contra esos heresiarcas[2], nos habla de otros personajes «más *modernistas* aún», «los tétricos de la negación y de la duda, que son los melenudos de ahora» —¡oh melenas pretéricas[3] de Valle-Inclán!—, los cuales melenudos proclaman, al hablar de la novela, que «el interés estriba en el escalpelo sutil, en el análisis minucioso de las profundidades del espíritu humano». (Mas véase la fuerza del movimiento innovador: Pereda, que tan absurdamente declama contra la innovación literaria, sin enterarse en qué consiste, hace suya, ya casi al final de su discurso, la doctrina de un autor que dice que todos los idiomas «tienen en sí una virtualidad estética que obra en el espíritu del lector como manantial de deleite, *independientemente del contenido interior de las ideas*»... Y eso no es otra cosa que el fundamento del vitando[4], abominable, revolucionario *simbolismo*[5].)

La generación de 1898 ama los viejos pueblos y el paisaje; intenta resucitar los poetas primitivos (Berceo, Juan Ruiz, Santillana); da aire al fervor por el Greco ya iniciado en Cataluña, y publica, dedicado al pintor cretense, el número único de un periódico: *Mercurio;* rehabilita a Góngora —uno de cuyos versos sirve de epígrafe a Verlaine, que creía conocer al poeta cordobés—; se declara romántica en el banquete ofrecido a Pío Baroja con motivo de su novela *Camino de perfección;* siente entusiasmo por Larra y en su honor realiza una peregrinación al cementerio en que estaba enterrado y lee un discurso ante su tumba y en ella deposita ramos de viole-

---

[2] *heresiarcas:* autores de herejías. En el texto tiene sentido irónico.
[3] *pretéricas:* arcaísmo por *pretéritas.*
[4] *vitando:* odioso.
[5] *simbolismo:* escuela literaria de origen francés que prefiere sugerir o evocar los objetos, en lugar de nombrarlos, para dotarlos de valor simbólico o trascendente.

tas; se esfuerza, en fin, en acercarse a la realidad y en desarticular el idioma, en agudizarlo, en aportar a él viejas palabras, plásticas palabras, con objeto de aprisionar menuda y fuertemente esa realidad. La generación de 1898, en suma, no ha hecho sino continuar el movimiento ideológico de la generación anterior: ha tenido el grito pasional de Echegaray, el espíritu corrosivo de Campoamor y el amor a la realidad de Galdós. Ha tenido todo eso; y la curiosidad mental por lo extranjero y el espectáculo del Desastre —fracaso de toda la política española— han avivado su sensibilidad y han puesto en ella una variante que antes no había en España.

UNA CIUDAD Y UN BALCÓN

*F*RENTE a los cambios revolucionarios que proponía el joven Azorín, *la madurez le lleva a ir decantándose hacia posturas lejanas de su radicalismo inicial. Y así, acaba por preferir unas propuestas de cambio cimentadas en la cultura: al profundizar en la tradición cultural española, el lector verá las diferencias que hay con el resto de Europa y procurará paliarlas.*

Este artículo, recogido en Castilla, *es una obra maestra de la minuciosidad, del detalle. Como verás, los elementos que dan título al texto, la ciudad y el balcón, sirven para describir el estado de ánimo del caballero, auténtico protagonista del texto.*

El tiempo pasa, pero lo esencial permanece. Éste podría ser el resumen de la perspectiva intrahistórica en la que se sitúa Azorín. *Los tres momentos que nos presenta (alrededor de los años 1500, 1789 y 1900) sirven al único motivo de mostrar la inmutabilidad de la esencia espiritual de los pueblos. Y para ello el autor no duda en emplear palabras antiguas, ya en desuso, pero que recrean a la perfección los paisajes que describe.*

* * *

*No me podrán quitar
el dolorido sentir...*

GARCILASO

Entremos en la catedral; flamante, blanca, acabada de hacer está. En un ángulo, junto a la capilla en que se venera la Virgen de la Quinta Angustia, se halla la puertecilla del campanario. Subamos a la torre; desde lo alto se divisa la ciudad toda y la campiña. Tenemos un maravilloso, mágico catalejo: descubriremos con él hasta los detalles más diminutos. Dirijámoslo hacia la lejanía: allá, por los confines del horizonte, sobre unos lomazos redondos, ha aparecido una manchita negra; se remueve, levanta una tenue polvareda, avanza. Un tropel de escuderos, lacayos y pajes es, que acompaña a un noble señor. El caballero marcha en el centro de su servidumbre; ondean al viento las plumas multicolores de su sombrero; brilla el puño de la espada; fulge sobre su pecho una firmeza de oro. Vienen todos a la ciudad; bajan ahora de las colinas y entran en la vega. Cruza la vega un río: sus aguas son rojizas y lentas; ya sesga en suaves meandros, ya se embarranca en hondas hoces. Crecen los árboles tupidos en el llano. La arboleda se ensancha y asciende por las alturas inmediatas. Una ancha vereda —parda entre la verdura— parte de la ciudad y sube por la empinada montaña de allá lejos. Esa vereda lleva los rebaños del pueblo, cuando declina el otoño, hacia las cálidas tierras de Extremadura. Ahora las mesetas vecinas, la llanada de la vega, los alcores[6] que bordean el río, están llenos de blancos carneros que sobre las pedrerías forman como grandes copos de nieve.

De la lana y el cuero vive la diminuta ciudad. En las márgenes del río hay un obraje de paños y unas tenerías[7]. A la salida del pueblo —por la Puerta Vieja— se desciende hasta el río; en esa cuesta están las tenerías. Entre las tenerías se ve una casita medio caída, medio arruinada; vive en ese chamizo una buena vieja —llamada Celestina— que todas las mañanas sale con un jarrillo des-

---

[6] *alcores:* colinas, lomas.
[7] *tenerías:* lugares en donde se curten las pieles.

bocado y lo trae lleno de vino para la comida, y que luego va de casa en casa, en la ciudad, llevando agujas, gorgueras, garvines, ceñideros[8] y otras bujerías para las mozas. En el pueblo, los oficiales de mano se agrupan en distintas callejuelas; aquí están los tundidores, perchadores, cardadores, arcadores, perailes[9]; allá en la otra, los correcheros, guarnicioneros, boteros, chicarreros. Desde que quiebra el alba, la ciudad entra en animación; cantan los perailes los viejos romances de Blancaflor y del Cid —como cantan los cardadores de Segovia en la novela *El Donado hablador*—; tunden los paños los tundidores; córtanle con sus sutiles tijeras el pelo los perchadores; los chicarreros trazan y cosen zapatillas y chapines[10]; embrean y trabajan las botas y cueros en que se ha de encerrar el vino y el aceite, los boteros. Ya se han despertado las monjas de la pequeña monjía que hay en el pueblo; ya tocan las campanitas cristalinas. Luego, cuando avance el día, estas monjas saldrán de su convento, devanearán por la ciudad, entrarán y saldrán en las casas de los hidalgos, pasarán y tornarán a pasar por las calles. Todos los oficiales trabajan en las puertas y en los zaguanes. Cuelga de la puerta de esta tiendecilla la imagen de un cordero; de la otra, una olla; de la de más allá, una estrella. Cada mercader tiene su distintivo. Las tiendas son pequeñas, angostas, lóbregas.

A los cantos de los perailes se mezclan en estas horas de la mañana las salmodias de un ciego rezador. Conoci-

---

[8] *gorgueras:* adornos del cuello hechos de tela plegada; *garvines:* cofias hechas de red; *ceñideros:* cintas o fajas con que se ciñen los vestidos por la cintura.

[9] Los diferentes oficios de esta enumeración y de la siguiente aparecen explicados en el propio texto.

[10] *chapines:* calzado de corcho muy utilizado por las mujeres para evitar el barro.

do es en la ciudad; la oración del Justo Juez, la de San Gregorio y otras muchas va diciendo por las casas con voz sonora y lastimera; secretos sabe para toda clase de dolores y trances mortales; un muchachuelo le conduce; la malicia y la inteligencia brillan en los ojos del mozuelo. En las tiendecillas se ven las caras finas de los judíos. Pasan por las callejas los frailes con sus estameñas[11] blancas o pardas. La campana de la catedral lanza sus largas campanadas. Allá, en la orilla del río, unas mujeres lavan y carmenan[12] la lana.

(Se ha descubierto un nuevo mundo; sus tierras son inmensas; hay en él bosques formidables, ríos anchurosos, montañas de oro, hombres extraños, desnudos y adornados con plumas. Se multiplican en las ciudades de Europa las imprentas; corren y se difunden millares de libros. La antigüedad clásica ha renacido; Platón y Virgilio han vuelto al mundo. Florece el tronco de la vieja humanidad.)

En la plaza de la ciudad se levanta un caserón de piedra; cuatro grandes balcones se abren en la fachada. Sobre la puerta, resalta un recio blasón. En el primer balcón de la izquierda se ve sentado en un sillón un hombre; su cara está pálida, exangüe y remata en una barbita afilada y gris. Los ojos de este caballero están velados por una profunda tristeza; el codo lo tiene el caballero puesto en el brazo del sillón y su cabeza descansa en la palma de la mano...

Le sucede algo al catalejo con que estábamos observando la ciudad y la campiña.

---

[11] *estameñas:* tejidos sencillos de lana ordinaria. Por extensión, ropas que llevaban los frailes con estos tejidos.
[12] *carmenan:* desenredan y limpian.

No se divisa nada; indudablemente se ha empañado el cristal. Limpiémoslo. Ya está claro; tornemos a mirar. Los bosques que rodeaban la ciudad han desaparecido. Allá, por aquellas lomas redondas que se recortan en el cielo azul, en los confines del horizonte, ha aparecido una manchita negra; se remueve, avanza, levanta una nubecilla de polvo. Un coche enorme, pesado, ruidoso, es; todos los días, a esta hora, surge en aquellas colinas, desciende por las suaves laderas, cruza la vega y entra en la ciudad. Donde había un tupido boscaje, aquí en la llana vega, hay ahora trigales de regadío, huertos, herreñales[13], cuadros y emparrados de hortalizas; en las caceras, azarbes y landronas[14] que cruzan la llanada, brilla el agua que se reparte por toda la vega desde las represas del río. El río sigue su curso manso como antaño. Ha desaparecido el obraje de paños que había en sus orillas; quedan las aceñas que van moliendo las maquilas[15] como en los días pasados. En la cuesta que asciende hasta la ciudad, no restan más que una o dos tenerías; la mayor parte del año están cerradas. No encontramos ni rastro de aquella casilla medio derrumbada en que vivía una vieja que todas las mañanas salía a por vino con un jarrico y que iba de casa en casa llevando chucherías para vender.

En la ciudad no cantan los perailes. De los oficios viejos del cuero y de la lana, casi todos han desaparecido; es que ya por la ancha y parda vereda que cruza la vega no se ve la muchedumbre de ganados que antaño, al

---

[13] *herreñales:* terrenos que se siembran con forraje para alimentar al ganado.

[14] *caceras, azarbes y landronas:* diferentes cauces o canales por donde discurre el agua para el riego.

[15] *maquilas:* medidas de grano, harina o aceite que corresponden al molinero por la molienda.

declinar el otoño, pasaban a Extremadura. No quedan más que algunos boteros en sus zaguanes lóbregos; en las callejas altas, algún viejo telar va marchando todavía con su son rítmico. La ciudad está silenciosa; de tarde en tarde pasa un viejo rezador que salmodia la oración del Justo Juez. Los caserones están cerrados. Sobre las tapias de un jardín surgen las cimas agudas, rígidas, de dos cipreses. Las campanas de la catedral lanzan —como hace tres siglos— sus campanadas lentas, solemnes, clamorosas.

(Una tremenda revolución ha llenado de espanto al mundo; millares de hombres han sido guillotinados; han subido al cadalso un rey y una reina. Los ciudadanos se reúnen en Parlamento. Han sido votados y promulgados unos códigos en que se proclama que todos los humanos son libres e iguales. Vuela por todo el planeta muchedumbre de libros, folletos y periódicos.)

En el primero de los balcones de la izquierda, en la casa que hay en la plaza, se divisa un hombre. Viste una casaca sencillamente bordada. Su cara es redonda y está afeitada pulcramente. El caballero se halla sentado en un sillón; tiene el codo puesto en uno de los brazos del asiento y su cabeza reposa en la palma de la mano. Los ojos del caballero están velados por una profunda, indefinible tristeza...

Otra vez se ha empañado el cristal de nuestro catalejo; nada se ve. Limpiémoslo. Ya está; enfoquémoslo de nuevo hacia la ciudad y el campo. Allá en los confines del horizonte, aquellas lomas que destacan sobre el cielo diáfano, han sido como cortadas con un cuchillo. Las rasga una honda y recta hendidura; por esa hendidura, sobre el suelo, se ven dos largas y brillantes barras de hierro que cruzan una junto a otra, paralelas, toda la campiña. De pronto aparece en el costado de las lomas una manchita negra; se mueve, adelanta rápidamente, va dejando en el cielo un largo manchón de humo. Ya avanza por la vega. Ahora vemos un extraño carro de hierro con una chimenea que arroja una espesa humareda, y detrás de él, una hilera de cajones negros con ventanitas; por las ventanitas se divisan muchas caras de hombres y mujeres. Todas las mañanas surge en la lejanía este negro carro con sus negros cajones; despide penachos de humo, lanza agudos silbidos, corre vertiginosamente y se mete en uno de los arrabales de la ciudad.

El río se desliza manso, con sus aguas rojizas; junto a él —donde antaño estaban los molinos y el obraje de paños— se levantan dos grandes edificios; tienen una elevadísima y sutil chimenea; continuamente están llenando de humo denso el cielo de la vega. Muchas de las callejas del pueblo han sido ensanchadas; muchas de aquellas callejitas que serpenteaban en entrantes y salientes —con sus tiendecillas— son ahora amplias y rectas calles donde el sol calcina las viviendas en verano y el vendaval frío levanta cegadoras tolvaneras[16] en invierno. En las afuerzas del pueblo, cerca de la Puerta Vieja, se ve un edificio redondo, con extensas graderías llenas de asientos y un círculo rodeado de un vallar de madera en medio. A la otra parte de la ciudad se divisa otra enorme edificación, con innumerables ventanitas: por la mañana, a mediodía, por la noche, parten de ese edificio agudos, largos, ondulantes sones de cornetas. Centenares de lucecitas iluminan la ciudad durante la noche; se encienden y se apagan ellas solas.

(Todo el planeta está cubierto de una red de vías férreas; caminan veloces por ellas los trenes; otros ve-

---

[16] *tolvaneras:* remolinos de polvo.

hículos —también movidos por sí mismos— corren vertiginosos por campos, ciudades y montañas. De nación a nación se puede transmitir la voz humana. Por los aires, etéreamente, de continente en continente, van los pensamientos del hombre. En extraños aparatos se remonta el hombre por los cielos; a los senos de los mares desciende en unas raras naves y por allí marcha; de las procelas[17] marinas, antes espantables, se ríe ahora subido en gigantescos barcos. Los obreros de todo el mundo se tienden las manos por encima de las fronteras.)

En el primer balcón de la izquierda, allá en la casa de piedra que está en la plaza, hay un hombre sentado. Parece abstraído en una profunda meditación. Tiene un fino bigote de puntas levantadas. Está el caballero, sentado, con el codo puesto en uno de los brazos del sillón y la cara apoyada en la mano. Una honda tristeza empaña sus ojos...

¡Eternidad, insondable eternidad del dolor! Progresará maravillosamente la especie humana; se realizarán las más fecundas transformaciones. Junto a un balcón, en una ciudad, en una casa, siempre habrá un hombre con la cabeza, meditadora y triste, reclinada en la mano. No le podrán quitar el dolorido sentir.

---

[17] *procelas:* tormentas.

LO FATAL

*L*A inclinación de Azorín por la literatura le llevó a recrear los momentos en los que vivieron los personajes, los instantes en que se crearon las obras.

Lejos del interés erudito por los datos o de analizar, como Unamuno o Maeztu, las ideas que transmiten personajes u obras, a Martínez Ruiz le interesan sobre todo los retazos de vida que destilan las obras. No debemos esperar, pues, puntos de vista originales o agudas disertaciones.

«Lo fatal», también recogido en Castilla, recrea la vida del escudero que aparece en el tratado tercero del Lazarillo de Tormes. Con él, Lázaro encuentra un poco de humanidad tras el cruel ciego y el mezquino cura de Maqueda. El escudero, un hidalgo venido a menos, es pobre de solemnidad, pero no puede demostrarlo, no puede permitir que el resto de la sociedad lo vea. La solidaridad en medio de la miseria que relata ese tratado del Lazarillo constituye uno de los mejores capítulos de la literatura española. Te recomendamos que refresques tu memoria repasándolo antes de acometer la lectura de estas páginas.

Como en el artículo anterior, puedes observar la maestría de Azorín al emplear un léxico adecuado al tema que describe. No te preocupes tanto por la comprensión de una u otra palabra como por disfrutar con la evocación.

* * *

Lo primero que se encuentra al entrar en la casa —lo ha contado el autor desconocido del *Lazarillo*— es un pati- zuelo empedrado de menudos y blancos guijos[18]. Las paredes son blancas, encaladas. Al fondo hay una puerte- cilla. Franqueadla: veréis una ancha pieza con las paredes también blancas y desnudas. Ni tapices, ni armarios, ni mesas, ni sillas. Nada; todo está desnudo, blanco y de- sierto. Allá arriba, en las anchas cámaras, no se ven tam- poco muebles; nadie pone los pies en aquellas estancias; por las hendiduras y rendijas de las maderas —ya carco- midas y alabeadas[19]— entran sutilísimos hilillos de clari- dad vivísima que marcan, en las horas de sol, unas fran- jas luminosas sobre el pavimento de ladrillos rojizos. Cerradas están asimismo, en lo más alto de la casa, las ventanas del sobrado. Un patinillo[20], en que crecen hier- bajos verdes entre las junturas de las losas, se abre en el centro de la casa.

Por la mañana, a mediodía y al ocaso, resuenan leves pisadas en las estancias del piso bajo. Hablan un hidalgo y un mozuelo. El hidalgo se halla sentado en un poyo del patio; el mozuelo, frente a él, va comiendo unos mendrugos de pan que ha sacado del seno[21]. Tanta es la avidez con que el rapaz yanta, que el hidalgo sonríe y le pregunta si tan sabroso, tan exquisito es el pan que come. Asegura el muchacho que de veras tales mendru- gos son excelentes, y entonces el hidalgo, sonriendo como por broma —mientras hay una inenarrable amar- gura en lo más íntimo de su ser—, le toma un mendrugo al muchachito y comienza a comer.

---

[18] *guijos:* pequeños cantos rodados.
[19] *alabeadas:* torcidas, combadas, que han perdido su superficie plana y recta.
[20] *patinillo:* diminutivo de patio.
[21] *seno:* hueco que queda entre el vestido y el pecho.

Ya las campanas de la catedral han dejado caer sobre la vieja y noble ciudad las sonorosas, lentas campanadas del mediodía. Todo es silencio y paz; en el patio, allá en lo alto, entre las cuatro nítidas paredes, fulge un pedazo de intenso cielo azul. Viene de las callejas el grito lejano de un vendedor; torna luego, más denso, más profundo, el reposo. El hidalgo, a media tarde, se ciñe el talabarte[22], se coloca sobre los hombros la capa y abre la puerta. Antes ha sacado la espada —una fina, centelleante, ondulante espada toledana— y la ha hecho vibrar en el aire, ante los ojos asombrados, admirativos, del mozuelo. Cuando nuestro hidalgo se pone en el umbral, se planta la mano derecha en la cadera y con la siniestra puesta en el puño de la espada, comienza a andar, reposada y airosamente, calle arriba. Los ojos del mozuelo le siguen hasta que desaparece por la esquina; este rapaz siente por su señor un profundo cariño. Sí, él sabe que es pobre; pero sabe también que es bueno, noble, leal, y que si las casas y palomares que tiene allá en Valladolid, en lugar de estar caídos estuvieran en buen estado, su amo podría pasearse a estas horas en carroza y su casa podría estar colgada de ricos tapices y alhajada con soberbios muebles.

Ha de esto diez años. El rico caballero, que ahora vive aquí en Valladolid, aposentado en ancho y noble caserón, habitaba una mezquina casa en Toledo. No había en ella ni tapices ni muebles; un cantarillo desbocado y un cañizo con una manta componían todo el moblaje. El hidalgo no podía pagar el modesto alquiler; un día, entristecido, abandonó la ciudad a sombra de tejados[23]. Paso tras paso vino a Valladolid. Le favoreció la fortuna;

---

[22] *talabarte:* cinturón de cuero para llevar la espada.
[23] *a sombra de tejados:* pegado a las paredes, ocultándose.

un pariente lejano dejóle por heredero de una modesta hacienda. Ya con caudal bastante, el hidalgo pudo restaurar las casas caídas y poner en cultivo las tierras abandonadas. En poco tiempo su caudal aumentó considerablemente: era activo, perseverante. Su afabilidad y discreción encantaban a todos. Mostrábase llano y bondadoso con los humildes, pero no transigía con los grandes y soberbios. «Un hidalgo —decía él frecuentemente— no debe a otro que a Dios y al rey nada.» Por encontrarse en la calle un día con otro hidalgo y no querer quitarse el sombrero antes que él, tuvo un disgusto, años atrás, que le obligó a ausentarse de la ciudad.

La casa en que ahora habita el caballero es ancha y recia. Tiene un zaguán con un farolón en el centro, anchas cámaras y un patio. La despensa se halla provista de cuantas mantenencias y golosinas pueda apetecer el más delicado lamiznero[24], y en las paredes del salón, panoplias[25], se ven las más finas y bellas espadas que hayan salido de las forjas toledanas. Pero ni de la mesa puede gozar el buen hidalgo ni para el ejercicio de las armas están ya sus brazos y sus piernas. Diríase que la fortuna ha querido mofarse extraña y cruelmente de este hombre. Desde hace algunos años, conforme la hacienda aumentaba prósperamente, la salud del hidalgo se iba tornando más inconsistente y precaria. Poco a poco el caballero adelgazaba y quedábase amarillo y exangüe; llovían sobre él dolamas y alifafes[26]. Una tristeza profunda velaba sus ojos. Años enteros había pasado allá en el patizuelo toledano conllevando —con algún mozuelo que le servía de criado— la más rigurosa estrechez; su

---

[24] *lamiznero:* goloso. Es un catalanismo.
[25] *panoplias:* tablas con forma de escudo en donde se colocan las espadas.
[26] *dolamas y alifafes:* achaques.

dignidad, su sentido del honor, el puntillo imperecedero de la honra, le sostenían y alentaban. Ahora, al verse ya rico, morador de una casa ricamente abastada[27], no podía gozar de estas riquezas entre las que él paseaba, que estaban al alcance de su mano. ¿Para qué estas espadas? ¿Para qué el alazán que abajo, en la caballeriza, piafaba reciamente de impaciencia? ¿Para qué esta plata labrada —bernegales[28], bandejas y tembladeras[29]— puesta en los aparadores de tallado nogal? ¿Para qué la carroza pintada en que él pudiera ir a los sotos del río, en las mañanas claras de mayo, cuando las tapadas van en recuesta de algún galán dadivoso y convidador?

Ni los más experimentados físicos aciertan a decir lo que el hidalgo tiene. Muchos le han visitado; por estas salas han desfilado graves doctores con sus gruesos anillos y sus redondos anteojos guarnecidos de concha. Multitud de misturas[30], jarabes, lenitivos[31], aceites y pistajes[32] han entrado en su cuerpo o han embadurnado sus miembros. Nada ha contrastado el misterioso mal. El caballero cada vez está más pálido, más ojeroso y más débil. No duerme; a veces en la noche, a las altas horas, en esas horas densas de la madrugada, el ladrido de un perro —un ladrido lejano, casi imperceptible— le produce una angustia inexplicable.

Tiene don Luis de Góngora un extraño soneto en que lo irreal se mezcla a lo misterioso: uno de esos sonetos

---

[27] *abastada:* provista de alimentos.
[28] *bernegales:* tazas de boca ancha y figura redondeada.
[29] *tembladeras:* vasos anchos, redondeados, con dos asas a los lados y un pequeño asiento.
[30] *misturas:* pociones compuestas de varios ingredientes.
[31] *lenitivos:* que sirven para ablandar o suavizar.
[32] *pistajes:* pistrajes, bebidas de mal gusto. Tiene sentido despectivo.

del gran poeta en que parece que se entreabre un mundo de fantasmagoría, de ensueño y de dolor. El poeta habla de un ser a quien no nombra ni de quien nos da señas ningunas. Ese hombre de quien habla Góngora anda por el mundo, descaminado, peregrino, enfermo; no sale de la tiniebla; por ella va pisando con pie incierto. Todo es confusión, inseguridad, para ese peregrino. De cuando en cuando da voces en vano. Otras veces, a lo largo de su misteriosa peregrinación, oye a lo lejos el latir de un can.

> *Repetidor latir, si no vecino,*
> *distinto oyó de can, siempre despierto...*

¿Quién es ese hombre que el poeta ha pintado en sus versos? ¿Qué simbolismo angustioso, trágico, ha querido expresar Góngora al pintar a ese peregrino, lanzando voces en vano y escuchando el ladrido de ese perro lejano, siempre despierto? Una honda tristeza hay en el latir de esos perros, lejanos, muy lejanos, que en las horas de la noche, en las horas densas y herméticas de la madrugada, atraviesan por nuestro insomnio calenturiento, desasosegado, de enfermos; en esos ladridos casi imperceptibles, tenues, que los seres queridos que nos rodean en esos momentos de angustia escuchan inquietos, íntimamente consternados, sin explicarse por qué.

Nuestro hidalgo escucha en la noche este latir lejano del can, siempre despierto. Cuando la aurora comienza a blanquear, un momentáneo reposo sosiega sus nervios.

Después de ocho años de este continuo sufrir, un día quiso nuestro caballero ir a Toledo; le llevaba el deseo de visitar a su antiguo criado —el buen Lázaro—, ahora ya casado y holgadamente establecido. Entonces fue cuando un pintor hizo su retrato. Se cree generalmente que no fue otro ese pintor sino Domenico Theotocopuli, llamado *el Greco*. Puede serlo; dignos son del gran maestro el colorido y el diseño. El hidalgo aparece en el retrato con la cara buida[33], alargada; una barbilla rala le corre por las mandíbulas y viene a acabar en punta sobre la nítida gorguera[34]; en lo alto de la frente tiene unos mechoncillos cenicientos. Sus ojos están hundidos, cavernosos, y en ellos hay —como en quien ve la muerte cercana— un fulgor de eternidad.

---

[33] *buida:* aguzada, afilada.
[34] *gorguera:* adorno del cuello hecho de tela plegada.

LA VOLUNTAD

*P*ARA *una buena parte de la crítica, ésta es la novela prototípica del 98. Martínez Ruiz narra las experiencias de un joven intelectual, Antonio Azorín (de quien, como ya dijimos, el escritor tomará su seudónimo), que carece de voluntad por haber sometido todo a la reflexión y el análisis: la abulia domina su situación anímica. El protagonista trata de encontrar el porqué de su existencia.*

La novela está concebida como una sucesión de cuadros o estampas que tratan de conseguir transmitir una imagen global; la anécdota apenas tiene importancia.

A continuación te ofrecemos el capítulo III, que supone la primera aparición de Antonio Azorín en la novela. Las clases de su maestro, Yuste, marcarán el espíritu del joven intelectual.

* * *

El zaguán, húmedo y sombrío, está empedrado de menudos cantos. Junto a la pared, un banco luce su tallado respaldo; en el centro pende del techo un farolón disforme. Franqueada la puerta del fondo, a la derecha se abre la cocina de amplia campana, y a la izquierda el despacho. El despacho es una anchurosa pieza de blancas paredes y bermejas vigas en el techo. Llenan los estantes de oloroso alerce[35], libros, muchos libros, infinitos libros —libros en amarillo pergamino, libros pardos de jaspea-

---

[35] *alerce:* árbol semejante al cedro y de madera olorosa.

da piel y encerados cantos rojos, enormes infolios de sonadoras hojas, diminutas ediciones de elzevirianos[36] tipos. En un ángulo, casi perdidos en la sombra, tres gruesos volúmenes que resaltan en azulada mancha, llevan en el lomo: *Schopenhauer*[37].

De la calle, a través de las finas tablas de espato[38] que cierran los ventanos, la luz llega y se difluye en tamizada claridad sedante. Recia estera de esparto, listada a viras rojas y negras, cubre el suelo. Y entre dos estantes cuelga un cuadro patinoso. El cuadro es triste. De pie, una dama de angulosa cara tiene de la mano a una niña; la niña muestra en la mano tres claveles, dos blancos y uno rojo. A la derecha del grupo hay una mesa; encima de la mesa hay un cráneo. En el fondo, sobre la pared, un letrero dice: *Nascendo morimur*[39]. Y la anciana y la niña, atentas, cuidadosas, reflexivas, parecen escrutar con su mirada interrogante el misterio infinito.

En el despacho, Yuste se pasea a menudos pasos que hacen crujir la estera. Yuste cuenta sesenta años. Yuste es calvo y ligeramente obeso; su gris mostacho romo oculta la comisura de los labios; sobre la nítida pechera la gordezuela barbilla se repliega abundosa. Y la fina cadena de oro que pasa y repasa en dos grandes vueltas por el cuello destaca refulgente en la negrura del limpio traje.

Azorín, sentado, escucha al maestro. Azorín mozo ensimismado y taciturno, habla poco y en voz queda. Ab-

---

[36] *elzevirianos:* tipos de letra que empleaban los Elzevirios, célebres impresores.

[37] La alusión al filósofo alemán, uno de los que más influyeron en el pensamiento noventayochista, indica el tipo de educación que va a dar Yuste a su discípulo.

[38] *de espato:* de láminas de piedra.

[39] *Nascendo morimur:* empezamos a morir cuando nacemos.

sorto en especulaciones misteriosas, sus claros ojos verdes miran extáticos lo indefinido.

El maestro va y viene ante Azorín en sus peripatéticos discursos. Habla resueltamente. A través de la palabra enérgica, pesimista, desoladora, colérica, iracunda —en extraño contraste con su beata calva y plácida sonrisa— el maestro extiende ante los ojos del discípulo hórrido[40] cuadro de todas las miserias, de todas las insanias, de todas las cobardías de la humanidad claudicante. La multitud le exaspera: odio profundo, odio tal vez rezago[41] de lejanos despechos, le impulsa fieramente contra la frivolidad de las muchedumbres veleidosas. El discurso aplaudido de un exministro estúpido, el fondo palabrero de un periódico, la frase hueca de un periodista vano, la idiotez de una burguesía caquéxica[42], le convulsionan en apopléticos[43] furores. Odia la frase hecha, el criterio marmóreo, la sistematización embrutecedora, la ley, salvaguardia de los bandidos, el orden, amparo de los tiranos... Y a lo largo de la estancia recargada de libros, nervioso, irascible, enardecido, va y viene mientras sus frases cálidas vuelan a las alturas de una sutil y deprimente metafísica, o descienden flageladoras sobre las realidades de la política venal y de la literatura vergonzante.

Azorín escucha al maestro. Honda tristeza satura su espíritu en este silencioso anochecer de invierno. Yuste pasea. A lo lejos suenan las campanas del santuario. Los opacos tableros de piedra palidecen. El maestro se detiene un momento ante Azorín y dice:

—Todo pasa, Azorín; todo cambia y perece. Y la

---

[40] *hórrido:* que causa horror.
[41] *rezago:* residual.
[42] *caquéxica:* que se consume a sí misma.
[43] *apopléticos:* relativos a la suspensión de la actividad cerebral. Es una hipérbole.

substancia universal —misteriosa, incognoscible, inexorable— perdura.

Azorín remuévese lentamente y gime en voz opaca:

—Todo pasa. Y el mismo tiempo que lo hace pasar todo, acabará también. El tiempo no puede ser eterno. La eternidad, presente siempre, sin pasado, sin futuro, no puede ser sucesiva. Si lo fuera y por siempre el momento sucediera al momento, daríase el caso paradójico de que la eternidad se aumentaba a cada instante transcurrido.

Yuste torna a deternerse y sonríe.

—La eternidad...

Yuste tira del bolsillo una achatada caja de plata. En la tapa, orlada de finos roleos[44] de oro, un niño se inclina sobre un perro y lo acaricia amorosamente. Yuste, previos dos golpecitos, abre la tabaquera y aspira un polvo. Luego añade:

—La eternidad no existe. Donde hay eternidad no puede haber vida. Vida es sucesión; sucesión es tiempo. Y el tiempo —cambiante siempre— es la antítesis de la eternidad —presente siempre.

Yuste pasea absorto. El viejo reloj suena una hora. Yuste prosigue:

—Todo pasa. La sucesión vertiginosa de los fenómenos, no acaba. Los átomos en eterno movimiento crean y destruyen formas nuevas. A través del tiempo infinito, en las infinitas combinaciones del átomo incansable, acaso las formas se repitan; acaso las formas presentes vuelvan a ser, o estas presentes sean reproducción de otras en el infinito pretérito creadas. Y así, tú y yo, siendo los mismos y distintos, como es la misma y distinta una idéntica imagen en dos espejos; así tú y yo acaso hayamos estado otra vez frente a frente en esta estancia, en este

---

[44] *roleos:* volutas, adornos en forma de espiral.

pueblo, en el planeta este, conversando, como ahora conversamos, en una tarde de invierno, como esta tarde, mientras avanza el crepúsculo y el viento gime.

Yuste —acaso escéptico de la moderna *entropía*[45] del universo— medita silencioso en el indefinido flujo y reflujo de las formas impenetrables. Azorín calla. Un piano de la vecindad toca un fragmento de Rossini, la música predilecta del maestro. La melodía, tamizada por la distancia, se desliza opaca, dulce, acariciadora. Yuste se para. Las notas saltan juguetonas, se acorren prestas, se detienen mansas, cantan, ríen, lloran, se apagan en cascada rumorosa.

Yuste continúa:

—La substancia es única y eterna. Los fenómenos son la única manifestación de la substancia. Los fenómenos son mis sensaciones. Y mis sensaciones, limitadas por los sentidos, son tan falaces y contingentes como los mismos sentidos.

El maestro torna a pararse. Luego añade:

—La sensación crea la conciencia; la conciencia crea el mundo. No hay más realidad que la imagen, ni más vida que la conciencia. No importa —con tal de que sea intensa— que la realidad interna no acople con la externa. El error y la verdad son indiferentes. La imagen lo es todo. Y así es más cuerdo el más loco.

A lo lejos, las campanas de la iglesia Nueva plañen abrumadoras. La noche llega. En la obscuridad del crepúsculo las manchas pálidas de los ventanos se disuelven lechosas. Reina en la estancia un breve instante de doloroso anhelo. Y Azorín, inmóvil, mira con sus extáticos ojos verdes la silueta del maestro que va y viene en la sombra haciendo gemir dulcemente la estera.

---

[45] *entropía:* teoría que sostiene que el universo camina hacia la destrucción por pérdida de la energía física.

MAEZTU
una evolución radical

Como la mayor parte de personas, los escritores noventayochistas tuvieron diferentes posturas ideológicas a lo largo de sus vidas. Sin embargo, ningún cambio tan radical como el experimentado en Ramiro de Maeztu.

De madre inglesa y padre cubano, nació en Vitoria en 1874. Con diecisiete años emigra a Cuba, en donde empieza a leer a Marx y a Kropotkin. Cuando vuelve a España, su conocimiento de la realidad cubana y sus radicales posturas sobre el asunto le granjean grandes simpatías, a la vez que le abren las puertas de los periódicos. Por esas fechas, junto con *Azorín* y Baroja integra el grupo de *Los Tres,* del que ya hemos hablado.

Con la llegada del nuevo siglo abandona sus posturas anarquistas para ir decantándose hacia un socialismo anticlerical y combativo, si bien, pronto renuncia a estas ideas. Tras vivir varios años en Londres como corresponsal de prensa, regresa a Madrid. Al contrario que la mayor parte de intelectuales, apoya vivamente la dictadura de Primo de Rivera. Este hecho le lleva en 1927 a ser designado embajador en Argentina.

En 1930 vuelve a España para ocuparse de defender los intereses conservadores, hasta el punto de que en 1934 es elegido diputado a Cortes por un partido ultracatólico con tintes fascistas. Fue fusilado en 1936, poco después del inicio de la guerra, por tropas republicanas.

Precisamente, el ser fusilado, junto con la necesidad que tenía el régimen franquista de apoyaturas ideológicas, propició una lectura todavía más conservadora de su obra, hecho que, a la larga, le ha beneficiado muy poco.

Obra

Hacia otra España (1899) es el primer ensayo de Maeztu. En él propone profundos cambios que alejen el rumbo de España del fracaso histórico que ha culminado con la pérdida de las colonias. Ésta es la única obra cuyo análisis de la situación española se centra en el Desastre del 98.

Con *Don Quijote, Don Juan y La Celestina* (1926), Maeztu pretende retratar el espíritu español a través de los estudios literarios de estos tres mitos.

En 1934 publica *Defensa de la hispanidad.* Ya es una obra de clara orientación conservadora en la que preconiza la vuelta a la tradición católica, el autoritarismo político y el modelo imperial del Siglo de Oro español. Aquí es donde encuentra el franquismo un modelo para su planteamiento político: una sola religión, una sola lengua, una sola nación.

El resto de su producción, como la novela *La guerra de Transvaal y los misterios de la Banca de Londres,* careció de trascendencia.

HACIA OTRA ESPAÑA

*E*STA *colección de artículos está estructurada en tres partes: el problema de España antes, durante y después de la guerra con los Estados Unidos de América.*

La idea central de la primera parte es criticar a una sociedad ociosa y paralizada tanto cultural como económicamente. El primer artículo que te mostramos, «Parálisis progresiva», resume el sentir de Maeztu en esos momentos. Fíjate en cómo se recrea en el término «parálisis» y cómo da un importante repaso, a pesar de la brevedad del artículo, a políticos, lectores, universitarios, aficionados a los toros y las zarzuelas...; es decir, a la sociedad toda.

La segunda parte tiene menos interés por ocuparse de la tradición de una manera enardecida.

Lógicamente, la obra entera está concebida desde la última parte, ya que lo que más interesa a Maeztu es proponer una nueva estructura social (no te olvides de que en los momentos de escribir estos artículos su orientación política es socialista). Por eso aquí plantea la reconstrucción de España. «Lo que nos queda», el segundo artículo que hemos incluido, da cuenta de las personas que pueden reconstruir el país. Pero, además de las personas, es preciso conseguir dinero y desarrollar una industria potente. En este sentido, toma el desarrollo catalán y vasco como ejemplares.

* * *

PARÁLISIS PROGRESIVA

De *parálisis progresiva* califica *El Liberal*[1] la enfermedad que padece España, y presiente para lo futuro una convulsión o una parálisis definitiva.

Parálisis... Nos place la palabra. No de otra suerte puede calificarse ese amortiguamiento continuado de la vida colectiva nacional, que ha disuelto virtualmente en veinte años los partidos políticos, haciendo de sus programas entretenido juego de caciques.

Parálisis... Así se explica la espantosa indiferencia del país hacia los negocios públicos..., la abstención del cuerpo electoral..., el desprecio de los lectores de periódicos hacia el artículo político..., la sola lectura del telegrama y de la gacetilla, como si roto el cordón umbilical entre la nación y el ciudadano, cuantos fenómenos afecten a aquella no interesaran a este de otro modo que la ficticia trama de una comedia al público de un teatro.

Parálisis intelectual reflejada en las librerías atestadas de volúmenes sin salida, en las cátedras regentadas por ignaros[2] profesores interinos, en los periódicos vacíos de ideas y repletos de frases hechas, escritos por el hampa social que lanza al arroyo la lucha por la vida, en los teatros, donde sólo las estulticias del género chico[3] atraen a un público incapaz de saborear la profundidad de un pensamiento..., parálisis bien simbolizada por esa Biblioteca Nacional en donde sólo encontré ayer a un anciano tomando notas de un libro de cocina de Ángel Muro.

Parálisis moral, evidenciada en esos abonos increíbles para las corridas de toros; parálisis moral que inventa, en

---

[1] *El Liberal:* periódico de gran difusión en la época.
[2] *ignaros:* ignorantes, que no tienen noticias de las cosas.
[3] *género chico:* zarzuela.

tanto se extiende el hambre en las comarcas andaluzas y doscientos mil hermanos nuestros mueren de anemia en climas tropicales, los cigarrillos del Khedive de dos, tres y cinco pesetas cajetilla, para que encuentren modo de gastarse sus rentas los accionistas de la Trasatlántica y del Banco.

Parálisis imaginativa, que ha dado al traste con los entusiasmos y los ensueños de la raza.

Y para esperanza de curación, una juventud universitaria, sin ideas, sin pena ni gloria, tan bien adaptada a este ambiente de profunda depresión, que no parece sino que su alma está en el Limbo; ni siente ni padece.

Pero no tema *El Liberal* que tan penosa enfermedad se desenlace en horribles convulsiones. Son ya tan hondos sus progresos que se ha llevado, no tan sólo la esperanza, sino hasta el deseo de curar.

España prefiere su carrito de paralítica, llevado atrás y adelante por el vaivén de los sucesos ciegos, al rudo trabajo de rehacer su voluntad y enderezarse.

Para serle agradables, no turbemos su egoísmo de enferma con vanos reproches y aunque la enfermedad acrezca... ¡silencio!... ni una palabra.

Dejémosla dormir; dejémosla morir.

Cuando apunte otra España nueva, ¡enterremos alegremente a la que hoy agoniza!

LO QUE NOS QUEDA

Vana esperanza la de los escritores que confían en que surja repentinamente del desastre una pléyade de nombres nuevos y vigorosos, capaces de reconstituir, por arte mágico, la nacionalidad enferma y caduca. Júzgase por muchos semejante la situación actual de España a la de Francia de 1870. ¡No parece sino que nos sumimos conscientemente en el engaño para cerrar los ojos a una realidad cruel!

En la Francia del segundo imperio había algo que olía a podrido, débil e inseguro; condenado a irremediable muerte; era el imperio y sus gobernantes y sostenedores. Pero al lado de aquel ejército sin estado mayor, sin plan y sin generales, al lado de aquella organización política, cimentada en el lujo, en la orgía, en el placer trivial, existía una universidad, en cuyos claustros se engendraban una ciencia, una crítica y un arte nuevos; existía un labriego que convertía la campiña francesa en un jardín, aplicando a la tierra el descubrimiento del laboratorio; existían un comercio y una industria enriquecidos y florecientes, estimulados por las exposiciones oncenarias[4] a mantenerse a la cabeza del movimiento universal.

Llegó el desastre napoleónico y de la universidad salió el pensamiento director de una nueva organización del Estado, basada en la concurrencia general y en la absoluta libertad de crítica; la industria y el comercio proporcionaron administradores a la Francia republicana y el campesino reanudó su labor inteligente y sostenida.

[...]

---

[4] Hace referencia a las exposiciones universales que comenzaron a hacerse cada once años.

Pero en nuestra España despoblada, atrasada e ignorante; en nuestra nación envilecida por el sistema de la recomendación y del compadrazgo, que ha disuelto las más justas ambiciones y anulado los estímulos más nobles, así en la política como en las ciencias y en las artes, así en el comercio como en la producción industrial y agrícola, ¿cómo ha de brotar espontáneamente gente nueva, capaz de llevar a feliz término la obra magna de nuestra regeneración?

Demos de lado, como quieren esos ilusos escritores, a los hombres que han intervenido en los negocios públicos durante el último cuarto de siglo. ¿De dónde echamos mano para suplantarlos con ventaja? ¿De las fracciones revolucionarias de derecha e izquierda que empujan al país a un desastre más completo e irremediable, porque en su ansia impotente de dominio, no ven otro camino de lograrlo, que la total desmembración de España?

Se nos dice que esa gente nueva no ha de salir de ninguno de los actuales partidos políticos. ¿Y dónde se halla?, preguntamos nosotros. ¿En esa prensa que sólo cuida de halagar al público, cultivando y endureciendo sus prejuicios? ¿En esa literatura enclenque y mustia, que cuando se aparta del clasicismo ya sin jugo cae en el tipo chulesco, simpático a nuestra holgazanería o en la lejana imitación del vaivén de las modas extranjeras? ¿En esas universidades, cuyos claustros de profesores interinos deben sus cátedras al favor oficial y cuyos claustros de estudiantes sólo se agitan para adelantar las vacaciones o para defender a los catedráticos tildados de tauromáquicas aficiones? ¿En esa industria y en ese comercio incipientes, que harto hacen con cuidarse de lo que más directamente les atañe? ¿En esa tierra cuyos dueños la abandonan, para hacer míseramente el señorito en las ciudades y cuyos arrendatarios se encorvan sobre ella, por un impulso cien veces secular y del mismo modo que sus antepasados de cien siglos?

Pero si no puede improvisarse una legión de gente nueva, con estandarte fijo y disciplina bien probada, existen, sí, digámoslo en buena hora, en la política y en la prensa, en la literatura y en la universidad, en el comercio y en la industria, individualidades sensatas y enérgicas, perspicaces y estimuladas por una ambición noble, que en público y en privado venían advirtiendo a la nación el gran engaño de que era víctima al juzgarse y las grandes enfermedades que la debilitaban. Existen esas individualidades y en ellas depositamos nuestra esperanza de mejores días, porque en lo sucesivo no las acallará, como antes, el espectro coloreado y fascinador de pasadas leyendas, sino que al contemplar la abierta llaga de las actuales desventuras, sentirán duplicarse la necesidad de hablar en alta voz, conforme se lo dicta su conciencia, el lenguaje viril y sincero que se debe a los pueblos caídos, cuando se ansía su resurrección y se cree en ella.

Esos hombres, que hoy son pocos y están desparramados, mañana serán más, se organizarán, agruparán en torno suyo a la nación trabajadora; de ellos saldrá otra España más noble, más bella, más rica y más grande.

Empeño es éste no de un día, sino de una generación, de una generación bien templada, que luche heroicamente, con el fecundo heroísmo de la paz, contra la ignorancia y la rutina y contra ese otro enemigo, harto más temible que la rutina y la ignorancia, contra ese pesimismo desesperanzado que hace a muchos examinar con indiferencia la posibilidad de un desmoronamiento general, ante las dificultades que se plantean con el problema de nuestra renovación.

Antes de que ese empeño se realice hay que remover muchas cosas, hay que discutir muchas otras —aunque dejando en pie un buen número de ellas— y sobre todo, hay que esperar sin impaciencias, obrando sin desmayos. Nada importa esta espera, que fijo el pensamiento en la tremenda lección, con los ojos clavados en la tierra sin ventura donde nos hizo nacer el destino, deberán aprovechar los hombres de buena voluntad la política interinidad que se les impone, en pensar con madurez el modo de concertar eficazmente sus propósitos, antes de ocupar las avanzadas sociales, para aleccionar desde ellas, desde los puntos de mira, a la nación aletargada y pesimista, con el ejemplo de esa vida de trabajo incesante, en la que encuentran los individuos sus horas de alegría positiva y los pueblos sus días de esplendor.

DON QUIJOTE, DON JUAN Y LA CELESTINA

*E*N contra de lo que pueda parecer, Don Quijote, Don Juan y La Celestina *no es una obra que se encargue de estudiar a estos personajes desde un punto de vista literario, sino que los tres mitos son una excusa para profundizar en el «alma» española.*

La Celestina es un personaje interesante en cuanto que se opone al idealismo de cualquier signo para proponer un materialismo radical.

Don Juan representa al hombre moderno, con la fuerza suficiente para llevar a cabo sus ideas y las del colectivo social.

Don Quijote, en contraposición a Don Juan, representa el fracaso del idealismo, de la falta de acción. Lejos del sentir que provoca la obra cervantina en Unamuno (recuerda el texto de la Vida de Don Quijote y Sancho*), para Maeztu* El Quijote *es un libro decadente que ha influido muy negativamente en el espíritu popular español a lo largo de tres siglos.*

Te proponemos la lectura de un texto referido a El Quijote *que se encuentra al final de la parte dedicada a él. Fíjate en que se citan tres nombres propios muy significativos: Nietzsche, Ganivet y Azorín.*

* * *

Nietzsche[5] dijo de España que es un pueblo que quiso demasiado. Por eso pasamos al extremo contrario de no querer nada, a lo que llamó Ganivet la abulia española, siempre que no se entienda por esta palabra ninguna de las enfermedades de la voluntad, de que han hablado los psicólogos franceses, sino meramente la falta de ideal. A partir del siglo XVII perdió España la iniciativa histórica. No nos engañe el hecho de que aún tuviera que pelear muchas guerras, demasiadas guerras. Poseía un gran imperio ultramarino, que suscitaba toda clase de codicias, y nos fue preciso defenderlo, todo lo que pudimos contra los codiciosos, como también tuvimos que defender la independencia nacional contra Napoleón y la flaqueza de parte de nuestras clases gobernantes. Tampoco la renuncia a la iniciativa histórica pudo evitar que se nos entrasen por puertas y ventanas las ideas del mundo y nos agitasen la existencia con el surgimiento de nuevas ansias y ambiciones. Pero el fondo de la vida española ha sido todo ese tiempo de profunda quietud. Ya en el mismo *Quijote* puede observarse con toda claridad el carácter vegetativo de la vida española. No hay sino eliminar al héroe de la novela y no dejar más guerra que al Cura, al Barbero, al Bachiller, a Sancho, su mujer y su hija y demás personajes secundarios de la obra. Todo lo que hay de ideal se concentra en una figura única, símbolo de realidad histórica, porque el alma de España se concentró entonces en sus hidalgos y en sus órdenes religiosas. El resto del país vivió como sin alma, dejó pasar los días y los años y vio desafiar la Historia en torno suyo, como los pueblos de Oriente contemplaron el paso de

---

[5] *Nietzsche:* pensador alemán cuya filosofía se basa en el individualismo y en la crítica de los valores establecidos. Influyó muchísimo en el pensamiento noventayochista.

las legiones romanas en los versos de Mateo Arnold[6], para volverse a ensimismar en sus pensamientos. Hace trescientos años que juegan al tresillo el Cura, el Barbero y el Bachiller y que se dan un paseíto después de la partida. *Azorín* nos ha descrito con impecable mano estos cuadros de la vida provinciana, donde cada uno de los personajes y de las cosas circundantes se han acomodado tan absolutamente a su reposo, que un paso que se oiga a la distancia, un ruido que suene en el picaporte, el temor vago a que surjan de nuevo las pasiones de antaño, a que renazcan los extintos deseos de aventuras, parece poner en conmoción el orden cotidiano, pero no acaso porque se sienta débil y amenazado, sino porque las historias pasadas le han hecho formarse la voluntad inexorable de no volverse a alterar nunca hasta el fin de los tiempos.

Es curioso que esta España quieta haya encontrado su artista en *Azorín*, porque el artista es de nuestros días, que son precisamente los que están viendo desaparecer esa quietud española. La ambición económica está llevando la intranquilidad, al mismo tiempo que un poco de riqueza, a las más apartadas regiones españolas. No es justo suponer que el progreso material español venga importado del extranjero. Lo que habrá venido del extranjero es la oportunidad instrumental que nos permite aprovechar mejor nuestros recursos naturales. Es característica de las últimas décadas la formación de una clase media numerosa y pujante, así como la de una atmósfera de negocios que está asimilando rápidamente el carácter nacional al de otros pueblos europeos. De ello han surgido el alza de los salarios, los progresos de las comunicaciones, la difusión del bienestar en la mayoría de las

---

[6] *Mateo Arnold:* escritor inglés, autor de numerosos poemas didácticos.

regiones. Creo que ha de verse con simpatía y hasta con ternura el advenimiento de un poco de riqueza en pueblo tan pobre como el español. De otra parte, el ansia de dinero es insuficiente para hacer recobrar a una nación la iniciativa histórica; en primer término, porque no se satisface por sí sola, y además porque es incómoda y hace la vida intolerable. Es un ideal que habrá de superarse, porque si no se encuentran normas que refrenen los apetitos individuales, y cada vecino se consagra a esperar su oportunidad para engañar y explotar al otro, lo probable es que las gentes se cansen pronto de esta concurrencia y acaben por preferir el retorno, si fuera posible, a la quietud antigua, de donde estos anhelos vinieron a sacarlas.

Del ansia de dinero podrá surgir el espíritu de poder, al modo como Platón deriva del amor a la belleza de un cuerpo el reconocimiento de su fraternidad con la de otro, y de la de dos cuerpos, la de todos; lo que lleva a considerar superior la belleza del alma a la del cuerpo y a amar las bellas inclinaciones y costumbres y los conocimientos bellos, hasta que se ama, al fin, lo que es en sí bello y ni comienza ni se acaba. Así se empieza por amar el dinero, venga de dondequiera, y se cae poco a poco en la cuenta de que los hombres no pueden satisfacer sus ansias de riqueza si no se dedican más que a tratar de enriquecerse unos a expensas de otros, porque todos seguirán pobres, después de hacerse desgraciados, y de que no hay más fuente inagotable de fortuna que la naturaleza; de lo que se deduce que el camino de la riqueza para todos ha de trazarse limitando las posibilidades de enriquecerse a expensas de otros y aumentando las de hacerlo con la invención y la producción y la organización racional del trabajo, lo que significa que el espíritu de poder no se consolidará entre los hombres sino haciendo prevalecer entre ellos la justicia y el amor, y aumentando con el saber y la técnica su dominio de la naturaleza, con lo que la ambición habrá servido para despertarnos al ideal.

Don Quijote es el prototipo del amor, en su expresión más elevada de amor cósmico, para todas las edades, si se aparta, naturalmente, lo que corresponde a las circunstancias de la caballería andante y a los libros de caballerías. Todo gran enamorado se propondrá siempre realizar el bien de la tierra y resucitar la edad de oro en la del hierro, y querrá reservarse para sí las grandes hazañas, los hechos valerosos. Ya no leeremos el *Quijote* más que en su perspectiva histórica; pero aun entonces, cuando no pueda desalentarnos, porque lo consideremos como la obra en que tuvieron que inspirarse los españoles cuando estaban cansados y necesitaban reposarse, todavía nos dará otra lección definitiva la obra de Cervantes: la de que Dante se engañaba al decirnos que el amor mueve el sol y las estrellas. El amor sin la fuerza no puede mover nada, y para medir bien la propia fuerza nos hará falta ver las cosas como son. La veracidad es deber inexcusable. Tomar los molinos por gigantes no es meramente una alucinación, sino un pecado.

VALLE-INCLÁN
la bohemia en persona

Nadie más bohemio, excéntrico y genial que Valle-Inclán. Si quieres divertirte con una biografía cuajada de aventuras y anécdotas, no dejes de leer todo lo referido al escritor gallego. Lo adoraban todos sus coetáneos. Bueno, todos excepto la policía y el Gobierno. Presidió las tertulias más animadas de Madrid y con su sola presencia convocaba a artistas como Romero de Torres, Gutiérrez Solana, Penagos, Zuloaga, Rusiñol, Pinazo, Amadeo Vives y un largo etcétera, en el que no faltaban los escritores modernistas y noventayochistas (excepto Unamuno, con quien solía discutir). Su vida entera es una pura anécdota, que él mismo se encargó de fabular y recrear.

Ramón del Valle y Peña nació en 1866 en Vilanova de Arousa, en Pontevedra. Comenzó a estudiar Derecho por imposición de su padre, pero cuando éste murió abandonó la carrera y se marchó a México, país que se encontraba en pleno proceso revolucionario. Tras un breve paso por Pontevedra, en 1895 se instala en Madrid y comienza su vida de bohemia y de estrecheces económicas. Trabaja como articulista, traductor, actor, participa en concursos literarios y, sobre todo, no hay algarada en Madrid en la que no esté presente; por ejemplo, en 1899 se queda manco por una pelea con Manuel Bueno, aunque poco tardaron sus amigos en organizar una representación teatral para comprarle un brazo ortopédico. Se declara carlista más por estética («Don Carlos es un buen mozo, y además vive en Venecia», diría) que por profundas convicciones. Él mismo se retrató en

1903: «Este que veis aquí, de rostro español y queve-desco, de negra guedeja y luenga barba, soy yo: don Ramón del Valle-Inclán. Estuvo el comienzo de mi vida lleno de riesgos y azares. Fui hermano converso en un monasterio de cartujos y soldado en tierras de la Nueva España. [...] Hoy marchitas ya las juveniles flores y moribundos todos los entusiasmos, divierto penas y desengaños, comentando las memorias amables que empezó a escribir en la emigración mi noble tío el marqués de Bradomín. [...] Todos los años, el día de difuntos, mando decir misas por el alma de aquel gran señor, que era feo, católico y sentimental. Cabalmente yo también lo soy y esta semejanza todavía le hace más caro a mi corazón» (revista *Alma Española*). La leyenda del marqués de Bradomín, protagonista de las *Sonatas* y *alter ego* del propio Valle, había comenzado.

Se casa con la actriz Josefina Blanco y continúa dando de qué hablar: llega al extremo de encerrar a su mujer en el cuarto de un hotel para impedirle que interviniera en la representación de *El gran galeoto*, drama del denostado José Echegaray. Tras recorrer una buena parte de Hispanoamérica con la compañía teatral de su esposa, deciden instalarse en Galicia, en donde Valle-Inclán alquila unas tierras para dedicarse a la agricultura y la cría de ganado. Como puedes suponer, el negocio iba de mal en peor. No mucho mejor iban los asuntos con la justicia en sus frecuentes idas y venidas a Madrid. Para justificar una de sus encarcelaciones, una nota gubernativa afirmaba: «También ha dado lugar el eximio escritor y extravagante ciudadano Valle-Inclán a la determinación de su arresto, porque al negarse a satisfacer la multa de 250 pesetas que le había sido impuesta por infracción gubernativa con el ánimo de evitarle privaciones de la libertad, ha proferido contra la autoridad tales insultos y contra todo el orden social establecido ataques tan demoledores, que se ha hecho imposible eximirle de sanción.» Y es que el escritor no debía de tener buenos modos con los policías. Su íntimo amigo Ricardo Baroja recuerda así las frecuentes detenciones que sufrían por escándalo público:

> El empleado policiaco que tomaba la filiación a los detenidos se veía en un brete cuando llegaba la vez a Valle-Inclán.
>
> —¿Cómo se llama usted?
> —Don Ramón María del Valle-Inclán y Montenegro —contestaba el gran trágico, desplegando sus nombres y apellidos en columna de honor.
> —¿Profesión?
> —Coronel general de los Ejércitos de Tierra Caliente.
> —No existe ese grado en la milicia.
> —¿Cómo que no?
> —No, señor.
> —¿Va usted a negar mi categoría?
> —El grado mayor es el de capitán general con mando en plaza.
> —Pues yo soy coronel general y no consiento que se me degrade en documentos públicos.
> —Ponga usted militar retirado —decía alguno de los polizontes, para terminar el conflicto.
>
> Entonces Valle-Inclán protestaba airado. Sus alaridos eran semejantes a los del desdichado amante de Isabel Segura.
>
> *Gente del 98,* ed. Cátedra

Su ideología política se radicaliza con el paso del tiempo y defiende la política de Lenin y la instauración de la II República. Los últimos años de su vida son penosos. Al divorcio de su esposa se suma una situación económica de gran penuria. Muere en Santiago de Compostela a principios de 1936.

Obra

Valle-Inclán cultivó todos los géneros, y en todos ellos puede apreciarse una evolución paralela a sus cambios ideológicos.

Sus inicios están marcados por un modernismo refinado y nostálgico. A esta etapa pertenecen las cuatro novelas que integran las *Sonatas* (1902-1905). Cuentan las aventuras y amoríos del marqués de Bradomín con una prosa exquisita. (Aun cuando no incluyamos aquí ningún fragmento de ella por rebasar los límites que nos hemos impuesto al realizar nuestra selección, te recomendamos vivamente la lectura, al menos, de la *Sonata de primavera*.)

Con la trilogía de *La guerra carlista* (compuesta por *Los cruzados de la causa, El resplandor de la hoguera* y *Gerifaltes de antaño*, 1908-1909), la narrativa de Valle-Inclán inicia un proceso de alejamiento del modernismo para proponer un estilo áspero y desgarrado.

Aunque las *Comedias bárbaras* le habían dado fama, es, sin duda alguna, la publicación en 1920 de *Luces de bohemia* lo que le sitúa entre los genios. El subtítulo de la obra, esperpento, inaugura una nueva tendencia literaria relacionada con las pinturas negras de Goya y con la deformación expresionista de la realidad. La definición del género (que vas a tener ocasión de leer más adelante) la hace el propio Valle-Inclán dentro de la misma obra. A partir de aquí, el resto de sus dramas va a tener esta misma orientación; así sucede con *Divinas palabras* (1920) o con los recogidos bajo el título de *Martes de carnaval (Las galas del difunto, Los cuernos de don Friolera* y *La hija del capitán,* 1930). Lo mismo ocurre con su producción novelística: tanto en *Tirano Banderas* (1926; es considerada por muchos críticos como una de las novelas españolas más importantes del siglo XX) como en la trilogía titulada *El ruedo ibérico* (integrada por *La corte de los milagros, Viva mi dueño* y *Baza de espadas,* 1927-1932) es permanente la estética del esperpento.

La poesía de Valle-Inclán, mucho menos conocida que el resto de su producción, sufre una evolución semejante. *Aromas de leyenda* (1907), *El pasajero* (1920) y *La pipa de kif* (1919) son sus tres únicos libros de poemas que el propio autor recogió en 1930 en un solo volumen: *Claves líricas.*

LUCES DE BOHEMIA

*E*N el momento de su publicación se pensó que en realidad no era una obra de teatro, sino una novela dialogada. De hecho, hasta que pasaron muchos años y cambiaron las técnicas y convenciones teatrales, no pudo ser representada. Y es que Valle-Inclán se anticipó en varias décadas a las tendencias dramáticas: los cambios escénicos, las acotaciones literarias (léelas con especial detenimiento) y las recreaciones de ambientes supusieron una verdadera revolución para el teatro europeo de la época.

Luces de bohemia *cuenta la última noche de la vida del poeta ciego Max Estrella, quien acompañado por su inseparable y vil amigo don Latino de Hispalis recorre las calles de Madrid. En su peregrinar se cruzan con personajes de todo tipo y pasan por los ambientes más diversos, desde la cárcel hasta un ministerio. Todo ello está contado con un estilo incisivo y desgarrado y con una rapidez más próxima a los actuales «videoclips» que a las obras que se representaban en la época.*

Te proponemos la lectura de dos fragmentos. En el primero, el principio de la escena V, Max llega al Ministerio de la Gobernación detenido por alterar el orden público; presta especial atención a la acotación inicial y al tono poético e irónico de Max. El segundo texto, casi al final de la obra, pertenece a la famosísima escena XII. En ella, Valle-Inclán pone en boca del moribundo Max la definición del esperpento relacionándolo con los espejos deformantes que hay en un céntrico callejón de Madrid.

* * *

ESCENA QUINTA

Zaguán en el Ministerio de la Gobernación. Estantería con legajos. Bancos al filo de la pared. Mesa con carpetas de badana mugrienta. Aire de cueva y olor frío de tabaco rancio. Guardias soñolientos. Policías de la Secreta. —Hongos, garrotes, cuellos de celuloide, grandes sortijas, lunares rizosos y flamencos.— *Hay un viejo chabacano —bisoñé[1] y manguitos de percalina[2]—, que escribe, y un pollo chulapón de peinado reluciente, con brisas de perfumería, que se pasea y dicta humeando un veguero[3].* DON SERAFÍN, *le dicen sus obligados, y la voz de la calle,* SERAFÍN EL BONITO. —Leve tumulto. Dando voces, la cabeza desnuda, humorista y lunático, irrumpe* MAX ESTRELLA.— DON LATINO *le guía por la manga, implorante y suspirante. Detrás asoman los cascos de los Guardias. Y en el corredor se agrupan, bajo la luz de una candileja, pipas, chalinas y melenas del modernismo.*

MAX.—¡Traigo detenida una pareja de guindillas[4]! Estaban emborrachándose en una tasca y los hice salir a darme escolta.

SERAFÍN EL BONITO.—Corrección, señor mío.

MAX.—No falto a ella, señor Delegado.

SERAFÍN EL BONITO.—Inspector.

MAX.—Todo es uno y lo mismo.

SERAFÍN EL BONITO.—¿Cómo se llama usted?

MAX.—Mi nombre es Máximo Estrella. Mi seudónimo, Mala Estrella. Tengo el honor de no ser Académico.

---

[1] *bisoñé:* peluca que cubre sólo la parte anterior de la cabeza.
[2] *percalina:* tela de algodón muy barata.
[3] *veguero:* tipo de cigarro puro.
[4] *guindillas:* despectivamente, agentes de policía.

SERAFÍN EL BONITO.—Está usted propasándose. Guardias, ¿por qué viene detenido?

UN GUARDIA.—Por escándalo en la vía pública y gritos internacionales. ¡Está algo briago[5]!

SERAFÍN EL BONITO.—¿Su profesión?

MAX.—Cesante[6].

SERAFÍN EL BONITO.—¿En qué oficina ha servido usted?

MAX.—En ninguna.

SERAFÍN EL BONITO.—¿No ha dicho usted que cesante?

MAX.—Cesante de hombre libre y pájaro cantor. ¿No me veo vejado, vilipendiado, encarcelado, cacheado e interrogado?

SERAFÍN EL BONITO.—¿Dónde vive usted?

MAX.—Bastardillos. Esquina a San Cosme. Palacio.

UN GUINDILLA.—Diga usted casa de vecinos. Mi señora, cuando aún no lo era, habitó un sotabanco[7] de esa susodicha finca.

MAX.—Donde yo vivo, siempre es un palacio.

EL GUINDILLA.—No lo sabía.

MAX.—Porque tú, gusano burocrático, no sabes nada. ¡Ni soñar!

SERAFÍN EL BONITO.—¡Queda usted detenido!

MAX.—¡Bueno! ¡Latino, hay algún banco donde pueda echarme a dormir?

SERAFÍN EL BONITO.—Aquí no se viene a dormir.

MAX.—¡Pues yo tengo sueño!

SERAFÍN EL BONITO.—¡Está usted desacatando mi autoridad! ¿Sabe usted quién soy yo?

MAX.—¡Serafín el Bonito!

---

[5] *briago:* borracho, ebrio.

[6] Los cesantes eran empleados del Gobierno a quienes se privaba de su trabajo. Llegaron a constituir un importante grupo en la época debido a las alternancias de partidos políticos en el Gobierno.

[7] *sotabanco:* vivienda situada por encima de la cornisa general de la casa.

SERAFÍN EL BONITO.—¡Como usted repita esa gracia, de una bofetada, le doblo!

MAX.—¡Ya se guardará usted del intento! ¡Soy el primer poeta de España! ¡Tengo influencia en todos los periódicos! ¡Conozco al Ministro! ¡Hemos sido compañeros!

SERAFÍN EL BONITO.—El Señor Ministro no es un golfo.

MAX.—Usted desconoce la Historia Moderna.

SERAFÍN EL BONITO.—¡En mi presencia no se ofende a Don Paco! Eso no lo tolero. ¡Sepa usted que Don Paco es mi padre!

MAX.—No lo creo. Permítame usted que se lo pregunte por teléfono.

SERAFÍN EL BONITO.—Se lo va usted a preguntar desde el calabozo.

DON LATINO.—Señor Inspector, ¡tenga usted alguna consideración! ¡Se trata de una gloria nacional! ¡El Víctor Hugo de España!

SERAFÍN EL BONITO.—Cállese usted.

DON LATINO.—Perdone usted mi entrometimiento.

SERAFÍN EL BONITO.—¡Si usted quiere acompañarle, también hay para usted alojamiento!

DON LATINO.—¡Gracias, Señor Inspector!

SERAFÍN EL BONITO.—Guardias, conduzcan ustedes ese curda[8] al Número 2.

UN GUARDIA.—¡Camine usted!

MAX.—No quiero.

SERAFÍN EL BONITO.—Llévenle ustedes a rastras.

OTRO GUARDIA.—¡So golfo!

MAX.—¡Que me asesinan! ¡Que me asesinan!

UNA VOZ MODERNISTA.—¡Bárbaros!

DON LATINO.—¡Que es una gloria nacional!

---

[8] *curda:* borracho.

SERAFÍN EL BONITO.—Aquí no se protesta. Retírense
  ustedes.
OTRA VOZ MODERNISTA.—¡Viva la Inquisición!
SERAFÍN EL BONITO.—¡Silencio, o todos quedan deteni-
  dos!
MAX.—¡Que me asesinan! ¡Que me asesinan!
LOS GUARDIAS.—¡Borracho! ¡Golfo!
EL GRUPO MODERNISTA.—¡Hay que visitar las Redac-
  ciones!

*Sale en tropel el grupo. Chalinas flotantes, pipas apaga-
das, románticas greñas. Se oyen estallar las bofetadas y las
voces tras la puerta del calabozo.*

SERAFÍN EL BONITO.—¡Creerán esos niños modernistas
  que aquí se reparten caramelos!

ESCENA DUODÉCIMA

Rinconada en costanilla[9] *y una iglesia barroca por fondo.
Sobre las campanas negras, la luna clara.* DON LATINO *y*
MAX ESTRELLA *filosofan sentados en el quicio de una puerta. A lo largo de su coloquio, se torna lívido el cielo. En el
alero de la iglesia pían algunos pájaros. Remotos albores de
amanecida. Ya se han ido los serenos, pero aún están las
puertas cerradas. Despiertan las porteras.*

MAX.—¿Debe estar amaneciendo?

DON LATINO.—Así es.

MAX.—¡Y qué frío!

DON LATINO.—Vamos a dar unos pasos.

MAX.—Ayúdame, que no puedo levantarme. ¡Estoy ate-
rido!

DON LATINO.—¡Mira que haber empeñado la capa!

MAX.—Préstame tu carrik[10], Latino.

DON LATINO.—¡Max, eres fantástico!

MAX.—Ayúdame a ponerme en pie.

DON LATINO.—¡Arriba, carcunda[11]!

MAX.—¡No me tengo!

DON LATINO.—¡Qué tuno eres!

MAX.—¡Idiota!

DON LATINO.—¡La verdad es que tienes una fisonomía
algo rara!

MAX.—¡Don Latino de Hispalis, grotesco personaje, te
inmortalizaré en una novela!

DON LATINO.—Una tragedia, Max.

MAX.—La tragedia nuestra no es tragedia.

---

[9] *costanilla:* calle muy corta con mayor pendiente que las cercanas.
[10] *carrik:* especie de abrigo o capa con varias esclavinas superpuestas
de mayor a menor.
[11] *carcunda:* retrógrado.

DON LATINO.—¡Pues algo será!

MAX.—El Esperpento.

DON LATINO.—No tuerzas la boca, Max.

MAX.—¡Me estoy helando!

DON LATINO.—Levántate. Vamos a caminar.

MAX.—No puedo.

DON LATINO.—Deja esa farsa. Vamos a caminar.

MAX.—Échame el aliento. ¿Adónde te has ido, Latino?

DON LATINO.—Estoy a tu lado.

MAX.—Como te has convertido en buey, no podía reconocerte. Échame el aliento, ilustre buey del pesebre belenita. ¡Muge, Latino! Tú eres el cabestro, y si muges vendrá el Buey Apis. Le torearemos.

DON LATINO.—Me estás asustando. Debías dejar esa broma.

MAX.—Los ultraístas[12] son unos farsantes. El esperpentismo lo ha inventado Goya. Los héroes clásicos han ido a pasearse en el callejón del Gato.

DON LATINO.—¡Estás completamente curda!

MAX.—Los héroes clásicos reflejados en los espejos cóncavos dan el Esperpento. El sentido trágico de la vida española sólo puede darse con una estética sistemáticamente deformada.

DON LATINO.—¡Miau! ¡Te estás contagiando!

MAX.—España es una deformación grotesca de la civilización europea.

DON LATINO.—¡Pudiera! Yo me inhibo.

MAX.—Las imágenes más bellas en un espejo cóncavo son absurdas.

DON LATINO.—Conforme. Pero a mí me divierte mirarme en los espejos de la calle del Gato.

---

[12] *ultraístas:* poetas que proponían renovar radicalmente las formas y contenidos del arte.

MAX.—Y a mí. La deformación deja de serlo cuando está sujeta a una matemática perfecta. Mi estética actual es transformar con matemática de espejo cóncavo las normas clásicas.

DON LATINO.—¿Y dónde está el espejo?

MAX.—En el fondo del vaso.

DON LATINO.—¡Eres genial! ¡Me quito el cráneo!

MAX.—Latino, deformemos la expresión en el mismo espejo que nos deforma las caras y toda la vida miserable de España.

DON LATINO.—Nos mudaremos al callejón del Gato.

MAX.—Vamos a ver qué palacio está desalquilado. Arrímame a la pared. ¡Sacúdeme!

DON LATINO.—No tuerzas la boca.

MAX.—Es nervioso. ¡Ni me entero!

DON LATINO.—¡Te traes una guasa!

MAX.—Préstame tu carrik.

DON LATINO.—¡Mira cómo me he quedado de un aire!

MAX.—No me siento las manos y me duelen las uñas. ¡Estoy muy malo!

DON LATINO.—Quieres conmoverme, para luego tomarme la coleta.

MAX.—Idiota, llévame a la puerta de mi casa y déjame morir en paz.

DON LATINO.—La verdad sea dicha, no madrugan en nuestro barrio.

MAX.—Llama.

LOS CUERNOS DE DON FRIOLERA

*N*OS *encontramos ante uno de los esperpentos más famosos de Valle-Inclán. He aquí su argumento: don Friolera, teniente del Ejército español, recibe un anónimo en el que se dice que Loreta, su esposa, le está siendo infiel. Friolera es conminado a lavar con sangre la afrenta, cosa que hace. La historia está enmarcada por una actuación previa de unos muñecos de guiñol (de hecho, todos los personajes actúan como si fuesen marionetas) y un romance de ciego. La crítica al sistema de valores del Ejército es constante.*

El primer fragmento de los que hemos seleccionado, más breve, recoge la reunión de tenientes en la que se analiza el caso de don Friolera; se encuentra a mitad de la obra. El segundo pertenece a la escena última. Como podrás observar, lo grotesco preside toda la acción.

* * *

ESCENA OCTAVA

EL TENIENTE ROVIROSA.—Para formar juicio, hay que fiscalizar los hechos. Se trata de condenar a un compañero de armas, a un hermano, que podríamos decir. Acaso nos veamos en la obligación de formular una sentencia dura, pero justa. Comienzo por advertir a mis queridos compañeros que, en puntos de honor, me pronuncio contra todos los sentimentalismos.

EL TENIENTE CAMPERO.—¡En absoluto conforme! Pero, a mi ver, deseo constatar que la justicia no excluye la clemencia.

EL TENIENTE CARDONA.—Hay que obligarle a pedir la absoluta[13]. El Ejército no quiere cabrones.

EL TENIENTE ROVIROSA.—¡Evidente!

Don Lauro rubrica con un gesto tan terrible, que se le salta el ojo de cristal. De un zarpazo lo recoge rodante y trompicante en el mármol del velador, y se lo incrusta en la órbita.

EL TENIENTE CARDONA.—Se trata del honor de todos los oficiales, puesto en entredicho por un Teniente cuchara[14].

EL TENIENTE CAMPERO.—¡Protesto! El cuartel es tan escuela de pundonor como las Academias. Yo procedo de la clase de tropa, y no toleraría que mi señora me adornase la frente. Se habla, sin recordar que las mejores cabezas militares siempre han salido de la clase de tropa: ¡Prim, pistolo[15]! ¡Napoleón, pistolo!...

EL TENIENTE CARDONA.—¡Sooo! Napoleón era procedente de la Academia de Artillería.

EL TENIENTE CAMPERO.—¡Puede ser! Pero el General Morillo, que le dio en la cresta, procedía de la clase de tropa y había sido mozo en un molino.

EL TENIENTE ROVIROSA.—¡Como el Rey de Nápoles, el famoso General Murat!

EL TENIENTE CAMPERO.—Tengo leído alguna cosa de ese General. ¡Un tío muy bragado! ¡Napoleón le tenía miedo!

---

[13] *la absoluta:* se refiere a la licencia total del Ejército.

[14] *Teniente cuchara:* es el que no proviene de la Academia, sino de la clase de tropa.

[15] *pistolo:* el mismo caso que la nota anterior.

EL TENIENTE CARDONA.—¡Tanto como eso, Teniente Campero! ¡Miedo el Ogro de Córcega!

EL TENIENTE CAMPERO.—Viene en la Historia.

EL TENIENTE CARDONA.—No la he leído.

EL TENIENTE ROVIROSA.—A mí, personalmente, los franceses me empalagan.

EL TENIENTE CARDONA.—Demasiados cumplimientos.

EL TENIENTE ROVIROSA.—Pero hay que reconocerles valentía. ¡Por algo son latinos, como nosotros!

EL TENIENTE CARDONA.—Desde que hay mundo, los españoles les hemos pegado siempre a los gabachos.

EL TENIENTE ROVIROSA.—¡Y es natural! ¡Y se explica! ¡Y se comprende perfectamente! Nosotros somos moros y latinos. Los primeros soldados, según Lord Wellington. ¡Un inglés!

EL TENIENTE CAMPERO.—A mi parecer, lo que más tenemos es sangre mora. Se ve en los ataques a la bayoneta.

El Teniente Don Lauro Rovirosa alza y baja una ceja, la mano puesta sobre el ojo de cristal por si ocurre que se le antoje dispararse.

EL TENIENTE ROVIROSA.—¡Evidente! Somos muchas sangres, pero prepondera la africana. Siempre nos han mirado con envidia otros pueblos, y hemos tenido lluvia de invasores. Pero todos, al cabo de llevar algún tiempo viviendo bajo este hermoso sol, acabaron por hacerse españoles.

EL TENIENTE CARDONA.—Lo que está ocurriendo actualmente con los ingleses de Gibraltar.

EL TENIENTE CAMPERO.—Y en Marruecos. Allí no se oye hablar más que árabe y español.

EL TENIENTE CARDONA.—¿Tagalo, no?

EL TENIENTE CAMPERO.—Algún moro del interior. Español es lo más que allí se habla.

EL TENIENTE CARDONA.—Yo había aprendido alguna cosa de tagalo en Joló. Ya lo llevo olvidado: *Tanbú,* que quiere decir puta. *Nital budila:* Hijo de mala madre. *Bede tuki pan pan bata:* ¡Voy a romperte los cuernos!

EL TENIENTE ROVIROSA.—¡Al parecer, posee usted a la perfección el tagalo!

EL TENIENTE CARDONA.—¡Lo más indispensable para la vida!

ESCENA ÚLTIMA

Sala baja con rejas: Esterillas de junco; una mampara ver-
de; legajos sobre la mesa, y sobre el sillón, con funda, el
retrato del Rey niño. El CORONEL, DON PANCHO LAME-
LA, *con las gafas de oro en la punta de la nariz, llora*
enternecido leyendo el folletín de «La Época». La CORONE-
LA, *en corsé y falda bajera, escucha la lectura un poco más*
consolada. Se abre la mampara. Aparece el Teniente DON
FRIOLERA, *resuena un grito y se cubre el escote con las*
manos Doña Pepita la Coronela.

EL CORONEL.—¡Insolente!
DOÑA PEPITA.—¡Cierre usted los ojos, Don Friolera!
EL CORONEL.—¡Cúbrete con el periódico, Pepita!
DON FRIOLERA.—¡Hay sangre en mis manos!
DOÑA PEPITA.—¡Cierre usted los ojos, so pelma!

El Coronel aparta el sillón, y sale al centro de la sala
luciendo las zapatillas de terciopelo, bordadas por su señora.
Abierto el compás de las piernas, y un dedo alzado, se
encara con Don Friolera.

EL CORONEL.—¡Cuádrese usted!
DON FRIOLERA.—¡A la orden, mi Coronel!
EL CORONEL.—¿Quién es usted?
DON FRIOLERA.—Teniente Astete, mi Coronel.
EL CORONEL.—¿Con destino en la Ciudadela?
DON FRIOLERA.—Así es, mi Coronel.
EL CORONEL.—¿Ha sido usted llamado?
DON FRIOLERA.—No, mi Coronel.
EL CORONEL.—¿Qué permiso tiene usted?
DON FRIOLERA.—No tengo permiso, mi Coronel.
EL CORONEL.—¡Pues a su puesto!

DON FRIOLERA.—Tengo, urgentemente, que hablar a vuecencia.

EL CORONEL.—¡Teniente Astete, vuelva usted a su puesto y solicite con arreglo a ordenanza! ¡Y espere usted un arresto!

DON FRIOLERA.—¡Envíeme vuecencia a prisiones, mi Coronel! ¡Vengo a entregarme! ¡Pim! ¡Pam! ¡Pum! ¡He vengado mi honra! ¡La sangre del adulterio ha corrido a raudales! ¡Friolera! ¡Visto el uniforme del Cuerpo de Carabineros!

EL CORONEL.—¡Que usted deshonra con el feo vicio de la borrachera!

DON FRIOLERA.—¡Gotean sangre mis manos!

EL CORONEL.—¡No la veo!

DOÑA PEPITA.—¡Es un hablar figurado, Pancho!

El Coronel dirige los ojos a la puerta de escape, donde se asoma la Coronela. Jugando a esconderse, enseña un hombro desnudo, y se encubre el resto del escote con «La Época».

EL CORONEL.—¡Retírate, Pepita!

DOÑA PEPITA.—¿A quién mató usted? ¡Dígalo usted de una vez, pelmazo!

DON FRIOLERA.—¡Maté a mi señora, por adúltera!

LA CORONELA.—¡Qué horror! ¿No tenían ustedes hijos?

DON FRIOLERA.—Una huérfana nos queda. Me la represento ahora abrazada al cadáver, y el corazón me duele. El padre, ya lo ve usted, camino de prisiones militares. La madre, mortal, con una bala en la sien.

DOÑA PEPITA.—¿Tú crees esa historia, Pancho?

EL CORONEL.—Empiezo a creerla.

DOÑA PEPITA.—¿No ves la papalina [16] que se gasta?

---

[16] *papalina:* borrachera.

EL CORONEL.—¡Retírate, Pepita!

DOÑA PEPITA.—¡Espera!

EL CORONEL.—¡Pepita, te retiras o te recatas mejor con el periódico!

DOÑA PEPITA.—Si se ve algo, que lo lleven a la plaza.

EL CORONEL.—¡Retírate!

DOÑA PEPITA.—¡Turco!

DON FRIOLERA.—¡Desde Teniente a General en todos los grados debe morir la esposa que falta a sus deberes!

DOÑA PEPITA.—¡Papanatas!

Arroja el periódico al centro de la sala y desaparece con un remangue, batiendo la puerta. El Coronel tose, se cala las gafas y abre el compás de sus chinelas bordadas, alzando y bajando un dedo. Don Friolera, convertido en fantoche matasiete, rígido y cuadrado, la mano en la visera del ros[17], parece atender con la nariz.

EL CORONEL.—¿Qué barbaridad ha hecho usted?

DON FRIOLERA.—¡Lavé mi honor!

EL CORONEL.—¿No son absurdos del vino?

DON FRIOLERA.—¡No, mi Coronel!

EL CORONEL.—¿Está usted sin haberlo catado?

DON FRIOLERA.—Bebí después, para olvidar... Vengo a entregarme.

EL CORONEL.—Teniente Astete, si su declaración es verdad, ha procedido usted como un caballero. Excuso decirle que está interesado en salvarle el honor del Cuerpo. ¡Fúmese usted ese habano!

---

[17] *ros:* tipo de gorro militar hecho de fieltro y más alto por delante que por detrás.

La Coronela irrumpe en la sala, sofocada, con abanico y bata de lazos. Se derrumba en la mecedora. Enseña una liga.

DOÑA PEPITA.—¡Qué drama! ¡No mató a la mujer! ¡Mató a la hija!

DON FRIOLERA.—¡Maté a mi mujer! ¡Mi hija es un ángel!

DOÑA PEPITA.—¡Mató a su hija, Pancho!

EL CORONEL.—¿Ha oído usted, desgraciado?

DON FRIOLERA.—¡Sepúltate, alma, en los infiernos!

EL CORONEL.—Pepita, que le sirvan un vaso de agua.

DON FRIOLERA.—¡Asesinos! ¡Cabrones! ¡Más cabrones que yo! ¡Maté a mi mujer! ¡Mate usted a la suya, mi Coronel! ¡Mátela usted, que también se la pega! ¡Pim! ¡Pam! ¡Pum!

DOÑA PEPITA.—¡Idiota!

EL CORONEL.—¡Teniente Astete, ha perdido usted la cabeza!

DOÑA PEPITA.—¡Pancho, impónle un correctivo!

EL CORONEL.—¡Pepita, la vida de un hijo es algo serio!

DOÑA PEPITA.—¡Qué crimen horrendo!

EL CORONEL.—Teniente Astete, pase usted arrestado al Cuarto de Banderas.

DON FRIOLERA.—¡Me estoy muriendo! ¿Podría pasar al Hospital?

EL CORONEL.—¡Puede usted hacerlo!

DON FRIOLERA.—¡A la orden, mi Coronel!

EL CORONEL.—Indudablemente ha perdido la cabeza. Explícate tú, Pepita: ¿Quién te ha contado ese drama?

DOÑA PEPITA.—¡El asistente!

TIRANO BANDERAS

*L*A importancia de esta novela estriba, además de en sus propias cualidades, en que abrió la puerta a una excepcional serie de novelas hispanoamericanas protagonizadas por un dictador.

Valle-Inclán aprovechó el conocimiento que tenía de Hispanoamérica para retratar la dureza y la desesperanza que asolaban aquellas tierras. En la figura del dictador Santos Banderas ejemplificó a las sagas de tiranos que detentaban el poder sin solución de continuidad.

Junto con un registro lingüístico apropiado a los personajes, y por tanto muy alejado del lector español de hoy, el autor aporta la distorsión del tiempo en busca de un efecto de simultaneidad; es decir, desaparece el tiempo lineal en beneficio de la presentación de cuadros fragmentados y superpuestos.

El texto que hemos seleccionado consta de dos partes, entre las cuales se encuentran insertos otros fragmentos. Es una buena muestra de la dureza de la novela.

* * *

Practicado el registro, el caporal tornóse afuera y puso esposas a la chinita, que suspiraba en la puerta, recogida en burujo[18], con el fustán[19] echado por la cabeza. La levantó a empellones. El crío, en el pecinal[20], lloraba

---

[18] *burujo:* como un amasijo.
[19] *fustán:* enagua, combinación.
[20] *pecinal:* charco de cieno.

rodeado del gruñido de los cerdos. La madre, empujada por los gendarmes, volvía la cabeza con desgarradoras voces:

—¡Ven! ¡No te asustes! ¡Ven! ¡Corre!

El niño corría un momento, y tornaba a detenerse sobre el camino, llamando a la madre. Un gendarme se volvió, haciéndole miedo, y quedó suspenso, llorando y azotándose la cara. La madre le gritaba, ronca:

—¡Ven! ¡Corre!

Pero el niño no se movía. Detenido sobre la orilla de la acequia sollozaba, mirando crecer la distancia que le separaba de la madre.

[...]

Zacarías el Cruzado, luego de atracar el esquife[21] en una maraña de bejucos[22], se alzó sobre la barca, avizorando el chozo. La llanura de esteros[23] y médanos[24], cruzada de acequias y aleteos de aves acuáticas, dilatábase con encendidas manchas de toros y caballadas, entre prados y cañerlas[25]. La cúpula del cielo recogía los ecos de la vida campañera en su vasto y sonoro silencio. En la turquesa del día orfeonaban su gruñido los marranos. Lloraba un perro muy lastimero. Zacarías, sobresaltado, le llamó con un silbido. Acudió el perro zozobrante, bebiendo los vientos, sacudido con humana congoja: Levantado de manos sobre el pecho del indio, hociquea lastimero y le prende del camisote, sacándole fuera del esquife. El Cruzado monta el pistolón y camina con sombrío recelo:

---

21 *esquife:* barco pequeño.
22 *bejucos:* plantas tropicales de tallos largos.
23 *esteros:* terrenos pantanosos.
24 *médanos:* montones de arena a flor de agua.
25 *cañerlas:* plantas bajas.

Pasa ante el chozo abierto y mudo. Penetra en la ciénaga: El perro le insta, sacudidas las orejas, el hocico al viento, con desolado tumulto, estremecida la pelambre, lastimero el resuello. Zacarías le va en seguimiento. Gruñen los marranos en el cenagal. Se asustan las gallinas al amparo del maguey culebrón[26]. El negro vuelo de zopilotes[27] que abaten las alas sobre la pecina se remonta, asaltado del perro. Zacarías llega: Horrorizado y torvo, levanta un despojo sangriento. ¡Era cuanto encontraba de su chamaco! Los cerdos habían devorado la cara y las manos del niño: Los zopilotes le habían sacado el corazón del pecho. El indio se volvió al chozo: Encerró en su saco aquellos restos, y con ellos a los pies, sentado a la puerta, se puso a cavilar. De tan quieto, las moscas le cubrían y los lagartos tomaban el sol a su vera.

Zacarías se alzó con oscuro agüero: Fue al metate[28], volteó la piedra y descubrió un leve brillo de metales. La papeleta del empeño, en cuatro dobleces, estaba debajo. Zacarías, sin mudar el gesto de su máscara indiana, contó las nueve monedas, se guardó la plata en el cinto y deletreó el papel: «Quintín Pereda. Préstamos. Compra-Venta». Zacarías volvió al umbral, se puso el saco al hombro y tomó el rumbo de la ciudad: A su arrimo, el perro doblaba rabo y cabeza. Zacarías, por una calle de casas chatas, con azoteas y arrequives[29] de colorines, se metió en los ruidos y luces de la feria: Llegó a un tabladillo de azares, y en el juego del parar apuntó las nueve monedas: Doblando la apuesta, ganó tres veces: Le azotó un pensamiento absurdo, otro agüero, un agüero maca-

---

[26] *maguey culebrón:* planta de pita.
[27] *zopilotes:* pequeños buitres.
[28] *metate:* lugar en el que se muele el grano con una piedra cilíndrica.
[29] *arrequives:* ribetes con los que se engalanan las casas.

bro: ¡El costal en el hombro le daba la suerte! Se fue, seguido del perro, y entró en un bochinche[30]. Allí se estuvo, con el saco a los pies, bebiendo aguardiente. En una mesa cercana comía la pareja del ciego y la chicuela. Entraba y salía gente, rotos y chinitas[31], indios camperos, viejas que venían por el centavo de cominos para los cocoles[32]. Zacarías pidió un guiso de guajolote[33], y en su plato hizo parte al perro: Luego tornó a beber, con la chupalla[34] sobre la cara: Trascendía, con helada consciencia, que aquellos despojos le aseguraban de riesgo: Presumía que le buscaban para prenderle, y no le turbaba el menor recelo; una seguridad cruel le enfriaba: Se puso el costal en el hombro y con el pie levantó al perro:

—¡Porfirio, visitaremos al gachupín[35]!

[30] *bochinche:* taberna.
[31] *rotos y chinitas:* gentes de clase baja y mujeres con rasgos indios.
[32] *cocoles:* panecillos con forma de rombo.
[33] *guajolote:* pavo.
[34] *chupalla:* sombrero de paja.
[35] *gachupín:* español establecido en América. En el texto se refiere al prestamista.

LA CORTE DE LOS MILAGROS

*E*STA *novela abre la trilogía de* El ruedo ibérico. *Con ella, el autor inicia la novela de protagonista colectivo, que es aquella en la que las individualidades sólo tienen sentido en cuanto que están subordinadas a un grupo social. De nuevo, Valle-Inclán se adelantó a su tiempo: hasta la década de los cincuenta no se pondrá de moda en España este tipo de novelas.*

La corte de los milagros *satiriza la España de Isabel II. Pero no sigue una línea argumental definida o una sucesión temporal ordenada, sino que presenta una estructura circular (de aquí lo de «ruedo») para aportar una visión totalizadora de la sociedad isabelina.*

El texto que puedes leer a continuación es un buen ejemplo de la visión que tenía Valle-Inclán de la reina, a quien muchos atribuían una gran responsabilidad por el estado de postración política y social en el que se encontraba España.

* * *

El ceremonial conmemorando el fausto suceso de la Rosa de Oro finó con banquete y baile de gran gala. El Señor Duque de Valencia, Presidente del Real Consejo, no pudo asistir, enfermo, según se susurró, con fiebres y punto de costado. El Ministro de la Gobernación tuvo una plática muy reservada con los reyes. Era un viejo craso y cetrino[36], con ojos duros de fanático africano. Ceceaba:

—Abrigo el presentimiento de un luto nacional. El Duque se halla realmente grave, y esta tarde ha tenido momentos de delirio.

La Reina, gozosa y encendida de la fiesta, imbuida de ilusa confianza, cerraba los oídos a las agoreras nuevas del Señor González Bravo:

—¡No puede ser! Dios no abandona a España ni a su Reina... ¡Tú todo lo ves negro!

Don Luis González Bravo murmuró apesadumbrándose, sin un matiz de duda en el ceceo:

—¡El General nos deja!

Y parecía que no fuese el filo de la dolencia, sino el augurio implacable de aquel búho semítico quien le matase. La Señora, purpúrea de piadosos fervores, mareándose un poco, se abanicaba, ahuyentando el espectro de la muerte:

—¡No se debe ensombrecer con esos pesimismos el júbilo de un día tan señalado! ¡Dios no abandonará ni a España ni a su Reina!

—Señora, mis pesimismos están confirmados por la opinión de los médicos.

—¡Pues yo tengo puesta toda mi confianza en la ayuda Divina!

La Reina de España se abanicaba con soberanía de alcaldesa. Intervino el Augusto Consorte:

—¡Una sangría a tiempo hace milagros!

—Se le han aplicado cáusticos en el pecho.

Se afligió la Señora:

—¡Qué gana de hacerle sufrir! A Narváez quien lo ha de poner bueno es el Santísimo Cristo de Medinaceli.

---

[36] *craso y cetrino:* grueso y amarillento.

Esta misma noche le empiezo la novena. Mira, Bravo, el corazón a mí no me engaña, y en este momento lo siento rebosar de esperanza, a pesar de tu cara larga y de tus pronósticos. ¡Durante el día me he preocupado, y ahora tengo la más ciega seguridad!

Tocaba la orquesta unos lanceros, y salió a bailarlos la Reina Nuestra Señora con el Señor González Bravo. En los pasos y figuras tuvo sonrisas muy zalameras para un pollastrón[37] sobre la treintena, que lucía la llave de gentilhombre. El Señor González Bravo atisbaba con su gesto de búho, formulando un monólogo poco piadoso:

—¡Esta grandísima...!

El Barón de Bonifaz —Adolfito Bonifaz en los salones—, después de los lanceros, mereció el honor de dar unas vueltas de habanera con la Señora. La Majestad de Isabel suspiraba en la danza, y el galán interrogaba con rendimiento:

—¿Se fatiga Vuestra Majestad?

—Tú debes ser el fatigado, porque estoy muy pesada.

—No se advierte, Señora.

—¿Me dirás que soy una pluma?

—¡Si Vuestra Majestad me autorizara para decírselo!

—¡Pues eres un solemnísimo embustero!

Bromeó marchoso Adolfito Bonifaz:

—Señora, hay pesos tan gratos que no se sienten... ¡El peso de la Corona!

—¡Te lo imaginas! ¡Cuántas veces se quisiera no sentirla en las sienes! ¡También rinde el peso de la Corona!

La Majestad de Isabel sonreía frondosa, y adrede se reposaba en los brazos del pollastrón:

---

[37] *pollastrón:* jovenzuelo achulado.

—Me gusta bailar contigo porque me llevas muy bien.

La voz tenía una intimidad insinuante. Adolfito, advertido, estrechó el talle matronil de la Señora:

—¡Vuestra Majestad me honra en extremo!

La Reina de España, encendida y risueña, juntó los labios con cálido murmullo:

—Voy a tenerte muy cerca... He pedido un puesto para ti en la nueva combinación de cargos palatinos.

—¡Señora, mi gratitud!...

—Pero tendrás que sentar la cabeza si quieres estar cerca de mí.

Adolfito apasionó la voz:

—¡Muero por ello!

La Majestad de Isabel II iba en los brazos del pollastre, meciendo las caderas al compás de la música criolla, gachoneando[38] los ojos. El voluptuoso ritmo complicaba una afrodita esencia tropical, y todas las parejas velaban una llama en los párpados. Adolfito, propasándose, se acercaba más, y consentía candorosa la Reina Nuestra Señora. Era muy feliz en el mareo de las luces, viendo brillar en el fondo de los espejos multiplicados jardines de oro.

---

[38] *gachoneando:* moviéndolos con atractivo.

POESÍA

*T*E proponemos a continuación la lectura de cuatro poemas de Valle-Inclán. Los dos primeros pertenecen a El Pasajero, libro compuesto en 1920, pero que el autor situó en segundo lugar al recogerlo en Claves líricas. Ambos son sonetos y rezuman una dureza no demasiado frecuente en la poesía española.

Los otros dos textos pertenecen a La pipa de kif (1919). El primero expresa las experiencias del autor con el hachís: el léxico y el ritmo del poema tratan de evocar las sensaciones que produce esa droga, por lo que su comprensión es bastante difícil; que no se te pase por alto cómo juega con las palabras (fíjate en la última). El otro poema, con un ritmo machacón, da cuenta del ambiente que rodea la construcción del patíbulo para instalar el garrote vil, forma de ajusticiamiento en la España de la época.

* * *

ROSA DEL CAMINANTE

Álamos fríos en un claro cielo
Azul, con timideces de cristal.
Sobre el río la bruma como un velo,
Y las dos torres de la catedral.

5   Los hombres secos y reconcentrados,
Las mujeres deshechas de parir:
Rostros obscuros llenos de cuidados,
Todas las bocas clásico el decir.

La fuente seca, en torno el vocerío,
10 Los odres a la puerta del mesón,
Y las recuas[39] que bajan hacia el río...

Y las niñas que acuden al sermón.
¡Mejillas sonrosadas por el frío,
De Astorga, de Zamora, de León!

---

[39] *recuas:* conjuntos de animales.

LA TRAE[40] UN CUERVO

¡Tengo rota la vida! En el combate
De tantos años ya mi aliento cede,
Y al orgulloso pensamiento abate
La idea de la muerte, que lo obsede[41].

5   Quisiera entrar en mí, vivir conmigo,
Poder hacer la cruz sobre mi frente,
Y sin saber de amigo ni enemigo,
Apartado, vivir devotamente.

   ¿Dónde la verde quiebra de la altura
10 Con rebaños y músicos pastores?
¿Dónde gozar de la visión tan pura

Que hace hermanas las almas y las flores?
¿Dónde cavar en paz la sepultura
Y hacer místico pan con mis dolores?

---

[40] Se refiere a una rosa.
[41] *obsede:* acosa. Es un cultismo.

LA PIPA DE KIF

Mis sentidos tornan a ser infantiles,
Tiene el mundo una gracia matinal,
Mis sentidos como gayos tamboriles[42]
Cantan en la entraña del azul cristal.

5   Con rítmicos saltos plenos de alegría,
Cabalga en el humo de mi pipa Puk[43],
Su risa en la entraña délfica[44] del día
Mueve el ritmo órfico amado de Gluk[45].

Alumbran mi copta[46] conciencia hipostática[47]
10 Las míticas luces de un indo avatar,
Que muda mi vieja sonrisa socrática
En la risa joven del Numen Solar[48].

Divino penacho de la frente triste,
En mi pipa el humo da su grito azul,
15 Mi sangre gozosa claridad asiste
Si quemo la Verde Yerba de Estambul[49].

Voluta de humo, vágula cimera[50],
Tú eres en mi frente la última ilusión

---

[42] *gayos tamboriles:* tambores alegres.
[43] *Puk:* personaje fantástico muy frecuente en las leyendas inglesas.
[44] *délfica:* referida al templo de Delfos, en donde las sacerdotisas entraban en trance para hablar con los dioses.
[45] *Gluk:* compositor alemán del siglo XVIII.
[46] *copta:* denominación que recibe la religión cristiana en Egipto.
[47] *hipostática:* unión en Cristo de las naturalezas humana y divina.
[48] *Numen Solar:* dios pagano del sol.
[49] Perífrasis para referirse al kif.
[50] *vágula cimera:* pequeña vaga cumbre. Es un cultismo.

De aquella riente, niña Primavera
20 Que movió la rosa de mi corazón.
    Niña Primavera, dueña de los linos
Celestes. Princesa Corazón de Abril,
Peregrina siempre sobre mis caminos
Mundanos. Tú eres mi «spirto gentil»[51].

25 ¡Y jamás le nieguen tus cabellos de oro,
Jarcias a mi barca, toda de cristal,
La barca fragante que guarda el tesoro
De aromas y gemas de un cuento oriental!

    El ritmo del orbe en mi ritmo asumo,
30 Cuando por ti quemo la Pipa de Kif,
Y llegas mecida en la onda del humo
Azul, que te evoca como un «leit-motif»[52].

    Tu luz es la esencia del canto que invoca
La Aurora vestida de rosado tul,
35 El divino canto que no tiene boca
Y el amor provoca con su voz azul.

    ¡Encendida rosa! ¡Encendido toro!
¡Encendidos números que rimó Platón!
¡Encendidas normas por donde va el coro
40 Del mundo: Está el mundo en mi corazón!

    Si tú me abandonas, gracia del hachic[53],
Me embozo en la capa y apago la luz.
Ya puede tentarme la Reina del Chic[54]:
No dejo la capa y le hago la †.

---

[51] *spirto gentil:* italianismo que significa espíritu apuesto.
[52] *leit-motif:* hilo conductor.
[53] *hachic:* hachís.
[54] *del Chic:* del buen gusto, de la distinción.

GARROTE VIL

¡Tan! ¡Tan! ¡Tan! Canta el martillo.
El garrote alzando están,
Canta en el campo un cuclillo,
Y las estrellas se van
5 Al compás del estribillo
Con que repica el martillo:
¡Tan! ¡Tan! ¡Tan!

El patíbulo destaca
Trágico, nocturno y gris,
10 La ronda de la petaca
Sigue a la ronda de anís,
Pica tabaco la faca,
Y el patíbulo destaca
Sobre el alba flor de lis.

15 Áspera copla remota
Que rasguea un guitarrón
Se escucha. Grito de jota
Del morapio peleón.
El cabileño[55] patriota
20 Canta la canción remota
De las glorias de Aragón.

Apicarada pelambre
Al pie del garrote vil,
Se solaza muerta de hambre.
25 Da vayas[56] al alguacil,
Y con un rumor de enjambre

---

[55] *cabileño:* individuo que pertenece a una tribu de beduinos o beréberes.
[56] *vayas:* burlas.

Acoge hostil la pelambre
A la hostil Guardia Civil.

Un gitano vende churros
30   Al socaire de un corral,
Asoman flautistas burros
Las orejas al bardal[57],
Y en el corro de baturros
El gitano de los churros
35   Beatifica al criminal.

El reo espera en capilla,
Reza un clérigo en latín,
Llora una vela amarilla,
Y el sentenciado da fin
40   A la amarilla tortilla
De yerbas. Fue a la capilla
La cena del cafetín.

Canta en la plaza el martillo,
El verdugo gana el pan,
45   Un paño enluta el banquillo.
Como el paño es catalán,
Se está volviendo amarillo
Al son que canta el martillo:
¡Tan! ¡Tan! ¡Tan!

---

[57] *bardal:* vallado de espinos.

ANTONIO MACHADO

un hombre «bueno»

La biografía de Antonio Machado no cuenta nada referido a aventuras, grandes viajes o sucesos extraordinarios. Fue un hombre sencillo, apacible.

Nació en Sevilla en 1875, aunque se trasladó pronto a Madrid, donde entabló amistad con Valle-Inclán, *Azorín,* Rubén Darío, Unamuno, etc. Problemas económicos le llevan a abandonar la vida bohemia de Madrid. Tras plantearse entrar a trabajar en un banco, unos amigos le convencen para que se dedique a la enseñanza secundaria. Machado, que tenía por único título el de bachillerato, obtuvo la cátedra de francés del Instituto de Soria gracias a que las lenguas modernas se podían impartir sin tener una licenciatura. En la ciudad castellana conoce a Leonor Izquierdo y se casa con ella. Lo curioso de la boda es que la novia tenía quince años, mientras que el novio ya había cumplido los treinta y cuatro. Apenas un par de años después de la boda, Leonor contrae una penosa enfermedad y, tras una lenta agonía, muere. En una carta dirigida a Juan Ramón Jiménez, Antonio Machado afirma: «Cuando perdí a mi mujer pensé en pegarme un tiro. El éxito de mi libro me salvó, y no por vanidad, ¡bien lo sabe Dios!, sino porque pensé que, si había en mí una fuerza útil, no tenía derecho a aniquilarla.» El libro al que se refiere es *Campos de Castilla.*

Se traslada a Baeza, en donde continúa con sus rutinas escolares y con sus estudios. El poeta tenía una vasta formación, aunque hasta 1917, a los cua-

renta y dos años, no obtuvo la licenciatura en Filosofía, y esto lo hizo porque le facilitaba su tarea docen-
te. En 1927 es elegido miembro de la Real Academia
Española, aunque nunca llegó a leer su discurso de
ingreso. Por estas mismas fechas conoce a Pilar Val-
derrama, su último gran amor, que aparece en los
poemas bajo el nombre de Guiomar.

Tras la etapa de Baeza cambia su residencia a Segovia, en donde vivirá hasta 1934, fecha en la que se
traslada a Madrid. En la capital reencuentra a sus
amigos y el crispado vivir político. Cuando se inicia la
Guerra Civil toma partido por la República. Se ve
obligado a exiliarse en 1939. En Colliure, un pueble-
cito francés, muere poco después de haber llegado,
en febrero de 1939.

Fue un hombre humilde, alejado de la pompa y los
honores. No era raro verlo pasear en solitario por Soria, Baeza, Segovia o Madrid. Asiduo de varias tertulias, apenas participaba en ellas, prefería consumir
un cigarrillo tras otro mientras, invariablemente, la
ceniza le caía al chaleco. José Moreno Villa, poeta de
la época, lo rememora así: «Recuerdo bien dónde lo
vi por vez primera. Estaba parado en la puerta del
Ateneo. Yo venía con Juan Ramón, que me dijo:
"Mire, aquél es Antonio Machado." "¿Aquél tan su-
cio?", le pregunté. "Sí." [...] Andando por la calle
parecía uno de esos eternos cesantes que nadie sabe
de qué viven. Daba también la impresión de que venía de muy lejos, con muchas leguas de carretera
atrás y que iba hacia otros parajes que los demás
mortales» (*Vida en claro*, 1944). Cuentan que sus
alumnos le llamaban don Antonio «Manchado».

Las relaciones del poeta con Unamuno, Baroja o
Valle-Inclán son, como afirma él mismo, las de un
discípulo con sus maestros. A pesar de esto, es inne-
gable que comparte con Unamuno o *Azorín*, por

ejemplo, su visión del paisaje castellano y lo que ello comporta en cuanto a sus sentimientos con respecto a España. Lo veremos en los textos.

Su ideología política fue radicalizándose con el paso del tiempo: del liberalismo reformista de su juventud llegó, en los últimos años de su vida, a abrazar las ideas más revolucionarias y obreristas. Quizá el contacto con las profundas injusticias de los campos andaluces contribuyera a esta postura.

Obra

Soledades, Galerías y otros poemas, su primer libro, se publicó entre 1903 y 1907. Tenía una clarísima orientación modernista, aunque el modernismo de Machado siempre estuvo teñido de un matiz intimista que lo hacía tremendamente personal. La presentación de elementos reales como símbolos de otras realidades más profundas ya estaba presente en esta obra.

Campos de Castilla (1912) es su obra cumbre y la más cercana a los temas y sentimientos noventayochistas. El estilo, más austero, aunque sin abandonar del todo los rasgos modernistas, abre paso a la crítica social, a reflexiones sobre la realidad española y, sobre todo, al tema del paisaje castellano. A propósito del paisaje en el poema «Campos de Soria» (uno de los más significativos de *Campos de Castilla*), *Azorín* afirmó: «La característica de Machado, la que marca y define su obra, es la objetivación del poeta en el paisaje que describe. [...] Paisaje y sentimientos —modalidad psicológica— son una misma cosa; el poeta se traslada al objeto descrito, y en la manera de describirlo nos da su propio espíritu. Se ha dicho que "todo paisaje es un estado del alma", y a esta objetivización del lírico se alude en dicha frase. Al grado máximo de esa objetivización llega Antonio Machado en sus poemas» *(Clásicos y modernos,* Losada, 1971).

Del resto de su poesía caben citar *Nuevas canciones, Canciones a Guiomar* y *Poesías de guerra,* si bien ninguno de estos tres libros alcanza la calidad de sus dos obras primeras.

Juan de Mairena es la gran composición en prosa de Antonio Machado. En ella se recogen breves diálogos y párrafos sueltos de los más diversos temas presentados por el ficticio profesor, poeta y filósofo Juan de Mairena. Es difícil hacerse una idea de la dimensión humana de Antonio Machado sin haberse aproximado a esta obra.

También cultivó el teatro junto con su hermano Manuel, aunque en este género sus méritos no son equiparables a los de la poesía. *La Lola se va a los puertos* es su obra más popular.

SOLEDADES

A *continuación te ofrecemos dos únicas muestras de la primera poesía de Antonio Machado. Ambas composiciones fueron recogidas en* Soledades.

Como ya dijimos, los inicios modernistas del poeta sevillano estuvieron marcados por un fuerte intimismo. Este hecho no impidió que afloraran ya en sus primeros poemas temas como la envidia o Dios, en los que profundizará más tarde en Campos de Castilla.

* * *

RECUERDO INFANTIL

Una tarde parda y fría
de invierno. Los colegiales
estudian. Monotonía
de lluvia tras los cristales.

5   Es la clase. En un cartel
se representa a Caín
fugitivo, y muerto Abel,
junto a una mancha carmín.

Con timbre sonoro y hueco
10   truena el maestro, un anciano
mal vestido, enjuto y seco,
que lleva un libro en la mano.

Y todo un coro infantil
va cantando la lección:
15   «mil veces ciento, cien mil;
mil veces mil, un millón».

Una tarde parda y fría
de invierno. Los colegiales
estudian. Monotonía
20   de la lluvia en los cristales.

Anoche cuando dormía
soñé, ¡bendita ilusión!,
que una fontana fluía
dentro de mi corazón.
5   Di, ¿por qué acequia escondida,
agua, vienes hasta mí,
manantial de nuestra vida
de donde nunca bebí?

Anoche cuando dormía
10   soñé, ¡bendita ilusión!,
que una colmena tenía
dentro de mi corazón;
y las doradas abejas
iban fabricando en él,
15   con las amarguras viejas,
blanca cera y dulce miel.

Anoche cuando dormía
soñé, ¡bendita ilusión!,
que un ardiente sol lucía
20   dentro de mi corazón.
Era ardiente porque daba
calores de rojo hogar,
y era sol porque alumbraba
y porque hacía llorar.

25   Anoche cuando dormía
soñé, ¡bendita ilusión!,
que era Dios lo que tenía
dentro de mi corazón.

RETRATO

*E*L poema, escrito por encargo para un periódico en 1908, abre Campos de Castilla, *libro del que extraemos todos los poemas que vienen a continuación. En muy pocos versos, el autor repasa su vida, sus inquietudes estéticas y, lo que es hasta sobrecogedor, anticipa cómo habría de ser su muerte. Por encima de todo llama la atención la autenticidad: parecen los comentarios de un amigo, y así hay que leerlos.*

* * *

Mi infancia son recuerdos de un patio de Sevilla,
y un huerto claro donde madura el limonero;
mi juventud, veinte años en tierra de Castilla;
mi historia, algunos casos que recordar no quiero.

5   Ni un seductor Mañara, ni un Bradomín[1] he
            sido
—ya conocéis mi torpe aliño indumentario—,
mas recibí la flecha que me asignó Cupido,
y amé cuanto ellas pueden tener de hospitalario.

Hay en mis venas gotas de sangre jacobina[2],
10   pero mi verso brota de manantial sereno;
y, más que un hombre al uso que sabe su doctrina,
soy, en el buen sentido de la palabra, bueno.

---

[1] Miguel de Mañara fue un famoso mujeriego sevillano. El marqués de Bradomín es el protagonista de las *Sonatas* de Valle-Inclán, donde aparece como un donjuán «feo, católico y sentimental».

[2] Los jacobinos fueron los más extremistas de la Revolución francesa.

Adoro la hermosura, y en la moderna estética
corté las viejas rosas del huerto de Ronsard[3],
15 mas no amo los afeites de la actual cosmética,
ni soy un ave de esas del nuevo gay-trinar[4].

Desdeño las romanzas de los tenores huecos
y el coro de los grillos que cantan a la luna.
A distinguir me paro las voces de los ecos,
20 y escucho solamente, entre las voces, una.

¿Soy clásico o romántico? No sé. Dejar quisiera
mi verso, como deja el capitán su espada:
famosa por la mano viril que la blandiera,
no por el docto oficio del forjador preciada.

25 Converso con el hombre que siempre va conmigo
—quien habla solo espera hablar a Dios un día—;
mi soliloquio es plática con este buen amigo
que me enseñó el secreto de la filantropía[5].

Y al cabo, nada os debo; debéisme cuanto he
escrito.
30 A mi trabajo acudo, con mi dinero pago
el traje que me cubre y la mansión que habito,
el pan que me alimenta y el lecho en donde yago.

Y cuando llegue el día del último viaje,
y esté al partir la nave que nunca ha de tornar,
35 me encontraréis a bordo ligero de equipaje,
casi desnudo, como los hijos de la mar.

---

[3] Ronsard fue un gran poeta renacentista francés. Machado se refiere aquí a la influencia que en él tuvieron los modernistas.

[4] El gay-trinar es una alusión peyorativa a la poética modernista. En ésta, como en la estrofa siguiente, critica la estética modernista.

[5] La filantropía presupone la defensa de valores como la solidaridad y el altruismo.

A ORILLAS DEL DUERO

COMPUESTO en 1907, este texto es para muchos críticos el primer poema noventayochista de Machado.

El poeta se ha trasladado a Soria para tomar posesión de su cátedra y se ha dejado sorprender por el paisaje castellano. Desde la objetividad (cita el momento y describe lo que ve) pasa a integrarse en el entorno y a interpretarlo. La visión negativa, áspera y lúgubre, de las tierras castellanas (y de España por extensión) es la que predomina en los primeros poemas de Campos de Castilla.

* * *

Mediaba el mes de julio. Era un hermoso día.
Yo, solo, por las quiebras[6] del pedregal subía,
buscando los recodos de sombra, lentamente.
A trechos me paraba para enjugar mi frente
5 y dar algún respiro al pecho jadeante;
o bien, ahincando[7] el paso, el cuerpo hacia adelante
y hacia la mano diestra vencido y apoyado
en un bastón, a guisa de pastoril cayado,
trepaba por los cerros que habitan las rapaces
10 aves de altura, hollando[8] las hierbas montaraces
de fuerte olor —romero, tomillo, salvia, espliego—.
Sobre los agrios campos caía un sol de fuego.

---

[6] *quiebras:* aberturas de las tierras en los montes.
[7] *ahincando:* apresurando.
[8] *hollando:* pisando.

Un buitre de anchas alas con majestuoso vuelo
cruzaba solitario el puro azul del cielo.
15 Yo divisaba, lejos, un monte alto y agudo,
y una redonda loma cual recamado[9] escudo,
y cárdenos alcores[10] sobre la parda tierra
—harapos esparcidos de un viejo arnés de guerra—,
las serrezuelas calvas por donde tuerce el Duero
20 para formar la corva ballesta de un arquero
en torno a Soria. —Soria es una barbacana[11],
hacia Aragón, que tiene la torre castellana—.
Veía el horizonte cerrado por colinas
obscuras, coronadas de robles y de encinas;
25 desnudos peñascales, algún humilde prado
donde el merino pace y el toro, arrodillado
sobre la hierba, rumia; las márgenes del río
lucir sus verdes álamos al claro sol de estío,
y, silenciosamente, lejanos pasajeros,
30 ¡tan diminutos! —carros, jinetes y arrieros—
cruzar el largo puente, y bajo las arcadas
de piedra ensombrecerse las aguas plateadas
del Duero.

El Duero cruza el corazón de roble
de Iberia y de Castilla.

¡Oh, tierra triste y noble,
35 la de los altos llanos y yermos y roquedas[12],
de campos sin arados, regatos ni arboledas;
decrépitas ciudades, caminos sin mesones,
y atónitos palurdos sin danzas ni canciones

---

[9] *recamado:* realzado mediante un bordado.
[10] *cárdenos alcores:* colinas violetas. El término «alcores» es muy frecuente en la poesía machadiana.
[11] *barbacana:* muralla.
[12] *roquedas:* lugares abundantes en rocas.

que aún van, abandonando el mortecino hogar,
40 como tus largos ríos, Castilla, hacia la mar!

Castilla miserable, ayer dominadora,
envuelta en sus andrajos desprecia cuanto ignora.
¿Espera, duerme o sueña? ¿La sangre derramada
recuerda, cuando tuvo la fiebre de la espada?
45 Todo se mueve, fluye, discurre, corre o gira;
cambian la mar y el monte y el ojo que los mira.
¿Pasó? Sobre sus campos aún el fantasma yerra
de un pueblo que ponía a Dios sobre la guerra.

La madre en otro tiempo fecunda en capitanes
50 madrastra es hoy apenas de humildes ganapanes.
Castilla no es aquella tan generosa un día,
cuando Myo Cid Rodrigo el de Vivar volvía,
ufano de su nueva fortuna y su opulencia,
a regalar a Alfonso los huertos de Valencia;
55 o que, tras la aventura que acreditó sus bríos,
pedía la conquista de los inmensos ríos
indianos a la corte, la madre de soldados,
guerreros y adalides que han de tornar, cargados
de plata y oro, a España, en regios galeones,
60 para la presa cuervos, para la lid leones.
Filósofos nutridos de sopa de convento[13]
contemplan impasibles el amplio firmamento;
y si les llega en sueños, como un rumor distante,
clamor de mercaderes de muelles de Levante,
65 no acudirán siquiera a preguntar ¿qué pasa?
Y ya la guerra ha abierto las puertas de su casa.

Castilla miserable, ayer dominadora,
envuelta en sus harapos desprecia cuanto ignora.

---

[13] Se refiere a que se han criado y educado al amparo eclesial.

El sol va declinando. De la ciudad lejana
70 me llega un armonioso tañido de campana
—ya irán a su rosario las enlutadas viejas—.
De entre las peñas salen dos lindas comadrejas;
me miran y se alejan, huyendo, y aparecen
de nuevo ¡tan curiosas!... Los campos se obscurecen.
75 Hacia el camino blanco está el mesón abierto
al campo ensombrecido y al pedregal desierto.

CAMPOS DE SORIA

*A*UNQUE *algunos estudiosos se han cuestionado su unidad, «Campos de Soria» es un extenso poema dividido en nueve partes que conforman las diferentes caras de una única obra. Ni siquiera las variaciones métricas logran quebrar el sentido unitario del texto. Machado interpreta la realidad soriana seleccionando sólo lo más significativo. La aparente sencillez, la simplificación, transmite con una hondura inusual el profundo amor y dolor que las tierras sorianas provocan en el poeta.*

Por razones de espacio hemos excluido las partes II, III y V, en beneficio de las otras, que han dejado mayor huella en los lectores.

* * *

I

Es la tierra de Soria árida y fría.
Por las colinas y las sierras calvas,
verdes pradillos, cerros cenicientos,
la primavera pasa
5   dejando entre las hierbas olorosas
sus diminutas margaritas blancas.

La tierra no revive, el campo sueña.
Al empezar abril está nevada
la espalda del Moncayo;
10   el caminante lleva en su bufanda

envueltos cuello y boca, y los pastores
pasan cubiertos con sus luengas[14] capas.

IV

    ¡Las figuras del campo sobre el cielo!
Dos lentos bueyes aran
en un alcor, cuando el otoño empieza,
y entre las negras testas dobladas
5 bajo el pesado yugo,
pende un cesto de juncos y retama,
que es la cuna de un niño;
y tras la yunta marcha
un hombre que se inclina hacia la tierra,
10 y una mujer que en las abiertas zanjas
arroja la semilla.
Bajo una nube de carmín y llama,
en el oro fluido y verdinoso
del poniente, las sombras se agigantan.

VI

    ¡Soria fría, *Soria pura,*
cabeza de Extremadura[15],
con su castillo guerrero
arruinado, sobre el Duero;
5 con sus murallas roídas
y sus casas denegridas!

---

[14] *luengas:* largas. Es un arcaísmo.
[15] El texto en cursiva reproduce el inicio de un romance popular castellano.

¡Muerta ciudad de señores
soldados o cazadores;
de portales con escudos
10 de cien linajes hidalgos,
y de famélicos galgos,
de galgos flacos y agudos,
que pululan
por las sórdidas callejas,
15 y a la media noche ululan,
cuando graznan las cornejas!

¡Soria fría! La campana
de la Audiencia da la una.
Soria, ciudad castellana
20 ¡tan bella! bajo la luna.

VII

¡Colinas plateadas,
grises alcores, cárdenas roquedas
por donde traza el Duero
su curva de ballesta
5 en torno a Soria, obscuros encinares,
ariscos pedregales, calvas sierras,
caminos blancos y álamos del río,
tardes de Soria, mística y guerrera,
hoy siento por vosotros, en el fondo
10 del corazón, tristeza,
tristeza que es amor! ¡Campos de Soria
donde parece que las rocas sueñan,
conmigo vais! ¡Colinas plateadas,
grises alcores, cárdenas roquedas!...

VIII

He vuelto a ver los álamos dorados,
álamos del camino en la ribera
del Duero, entre San Polo y San Saturio[16],
tras las murallas viejas
5 de Soria —barbacana
hacia Aragón, en castellana tierra.

Estos chopos del río, que acompañan
con el sonido de sus hojas secas
el son del agua, cuando el viento sopla,
10 tienen en sus cortezas
grabadas iniciales que son nombres
de enamorados, cifras que son fechas.
¡Álamos del amor que ayer tuvisteis
de ruiseñores vuestras ramas llenas;
15 álamos que seréis mañana liras
del viento perfumado en primavera;
álamos del amor cerca del agua
que corre y pasa y sueña,
álamos de las márgenes del Duero,
20 conmigo vais, mi corazón os lleva!

IX

¡Oh, sí, conmigo vais, campos de Soria,
tardes tranquilas, montes de violeta,
alamedas del río, verde sueño
del suelo gris y de la parda tierra,
5 agria melancolía
de la ciudad decrépita,

---

[16] *San Polo y San Saturio:* son dos ermitas ribereñas del Duero.

213

me habéis llegado al alma,
¿o acaso estabais en el fondo de ella?
¡Gentes del alto llano numantino
10 que a Dios guardáis como cristianas viejas,
que el sol de España os llene
de alegría, de luz y de riqueza!

LA TIERRA DE ALVARGONZÁLEZ

A *NTONIO Machado utiliza como forma estrófica el romance, pero no para cantar las gestas de los héroes, sino para retratar una parte del alma castellana. Como en los romances de ciego, en los que se contaban sucesos truculentos, Machado narra una historia brutal, cuajada de crímenes horribles, con ribetes bíblicos. La envidia y el ansia de tierras provocan unas acciones dominadas por la herencia de Caín.*

A continuación puedes leer la parte central del poema.

* * *

    Sobre los campos desnudos,
la luna llena manchada
de un arrebol purpurino,
enorme globo, asomaba.
5 Los hijos de Alvargonzález
silenciosos caminaban,
y han visto al padre dormido
junto de la fuente clara.

* * *

    Tiene el padre entre las cejas
10 un ceño que le aborrasca[17]
el rostro, un tachón sombrío
como la huella de un hacha.
Soñando está con sus hijos,

---

[17] *aborrasca:* en sentido figurado, ensombrece.

que sus hijos lo apuñalan;
15 y cuando despierta mira
que es cierto lo que soñaba.

* * *

A la vera de la fuente
quedó Alvargonzález muerto.
Tiene cuatro puñaladas
20 entre el costado y el pecho,
por donde la sangre brota,
más un hachazo en el cuello.
Cuenta la hazaña del campo
el agua clara corriendo,
25 mientras los dos asesinos
huyen hacia los hayedos.
Hasta la Laguna Negra,
bajo las fuentes del Duero,
llevan el muerto, dejando
30 detrás un rastro sangriento;
y en la laguna sin fondo,
que guarda bien los secretos,
con una piedra amarrada
a los pies, tumba le dieron.

* * *

35 Se encontró junto a la fuente
la manta de Alvargonzález,
y, camino del hayedo,
se vio un reguero de sangre.
Nadie de la aldea ha osado
40 a la laguna acercarse,
y el sondarla inútil fuera,
que es la laguna insondable.

Un buhonero, que cruzaba
aquellas tierras errante,
45 fue en Dauria acusado, preso
y muerto en garrote infame.

* * *

Pasados algunos meses,
la madre murió de pena.
Los que muerta la encontraron
50 dicen que las manos yertas
sobre su rostro tenía,
oculto el rostro con ellas.

* * *

Los hijos de Alvargonzález
ya tienen majada y huerta,
55 campos de trigo y centeno
y prados de fina hierba;
en el olmo viejo, hendido
por el rayo, la colmena,
dos yuntas para el arado,
60 un mastín y mil ovejas.

* * *

Ya están las zarzas floridas
y los ciruelos blanquean;
ya las abejas doradas
liban para sus colmenas,
65 y en los nidos, que coronan
las torres de las iglesias,
asoman los garabatos
ganchudos de las cigüeñas.
Ya los olmos del camino

70 y chopos de las riberas
    de los arroyos, que buscan
    al padre Duero, verdean.
    El cielo está azul, los montes
    sin nieve son de violeta.
75 La tierra de Alvargonzález
    se colmará de riqueza;
    muerto está quien la ha labrado,
    mas no le cubre la tierra.

A UN OLMO SECO

*C*ON este poema, uno de los más celebrados de la obra machadiana, se inicia una serie dedicada a Leonor. A partir de la descripción del viejo árbol, el poeta logra transmitir una profunda emoción de angustia y esperanza. La vida y el paisaje, representados en el simbólico árbol, se funden en un único sentimiento. Lee el texto teniendo en cuenta la enfermedad de Leonor y fíjate en cómo a medida que avanza el poema se va haciendo más personal.

* * *

Al olmo viejo, hendido por el rayo
y en su mitad podrido,
con las lluvias de abril y el sol de mayo,
algunas hojas verdes le han salido.

5   ¡El olmo centenario en la colina
que lame el Duero! Un musgo amarillento
la mancha la corteza blanquecina
al tronco carcomido y polvoriento.

No será, cual los álamos cantores
10 que guardan el camino y la ribera,
habitado de pardos ruiseñores.

Ejército de hormigas en hilera
va trepando por él, y en sus entrañas
urden sus telas grises las arañas.

15 Antes que te derribe, olmo del Duero,
con su hacha el leñador, y el carpintero
te convierta en melena de campana[18],
lanza de carro[19] o yugo de carreta;
antes que rojo en el hogar, mañana,
20 ardas de alguna mísera caseta,
al borde de un camino;
antes que te descuaje un torbellino
y tronche el soplo de las sierras blancas;
antes que el río hasta la mar te empuje
25 por valles y barrancas,
olmo, quiero anotar en mi cartera
la gracia de tu rama verdecida.
Mi corazón espera
también, hacia la luz y hacia la vida,
30 otro milagro de la primavera.

---

[18] _melena de campana:_ pieza de madera que sustenta una campana.
[19] _lanza de carro:_ vara de madera en la que se enganchan los caballos de un carruaje.

UNA NOCHE DE VERANO

SIN apenas artificios formales y con la emoción contenida (fíjate en esa única oración exclamativa final), el texto recoge la sensación que ha provocado la muerte en el poeta.

* * *

Una noche de verano
—estaba abierto el balcón
y la puerta de mi casa—
la muerte en mi casa entró.
5 Se fue acercando a su lecho
—ni siquiera me miró—,
con unos dedos muy finos,
algo muy tenue rompió.
Silenciosa y sin mirarme,
10 la muerte otra vez pasó
delante de mí. ¿Qué has hecho?
La muerte no respondió.
Mi niña quedó tranquila,
dolido mi corazón.
15 ¡Ay, lo que la muerte ha roto
era un hilo entre los dos!

DEL PASADO EFÍMERO

TRAS la muerte de Leonor, y ya instalado en Baeza, renace en la poesía machadiana la preocupación por el tema de España. Es probable que el contacto con una sociedad tan desigual como la de la Andalucía de aquellos años provocara en el poeta una honda necesidad de denuncia.

Toros, juego y bandoleros pueblan el universo de un hombre representativo de una parte de la sociedad española.

* * *

Este hombre del casino provinciano
que vio a Carancha[20] recibir un día,
tiene mustia la tez, el pelo cano,
ojos velados por melancolía;
5   bajo el bigote gris, labios de hastío,
y una triste expresión, que no es tristeza,
sino algo más y menos: el vacío
del mundo en la oquedad de su cabeza.
Aun luce de corinto terciopelo
10   chaqueta y pantalón abotinado,
y un cordobés color de caramelo,
pulido y torneado.
Tres veces heredó; tres ha perdido
al monte[21] su caudal: dos ha enviudado.

---

[20] Carancha fue un torero muy famoso en la época por perfeccionar la suerte de matar al toro recibiendo, o sea, esperándolo.
[21] *monte:* juego de cartas en el se suelen ganar o perder grandes cantidades de dinero.

15 Sólo se anima ante el azar prohibido,
sobre el verde tapete reclinado,
o al evocar la tarde de un torero,
la suerte de un tahúr, o si alguien cuenta
la hazaña de un gallardo bandolero,
20 o la proeza de un matón, sangrienta.
Bosteza de política banales
dicterios al gobierno reaccionario,
y augura que vendrán los liberales,
cual torna la cigüeña al campanario.
25 Un poco labrador, del cielo aguarda
y al cielo teme; alguna vez suspira,
pensando en su olivar, y al cielo mira
con ojo inquieto, si la lluvia tarda.
Lo demás, taciturno, hipocondríaco,
30 prisionero en la Arcadia[22] del presente,
le aburre; sólo el humo del tabaco
simula algunas sombras en su frente.
Este hombre no es de ayer ni es de mañana,
sino de nunca; de la cepa hispana
45 no es el fruto maduro ni podrido,
es una fruta vana
de aquella España que pasó y no ha sido,
esa que hoy tiene la cabeza cana.

---

[22] *Arcadia:* en poesía, país imaginario de la sencillez, la felicidad y la paz pastoriles.

PROVERBIOS Y CANTARES

CONSTITUYEN la última parte significativa de Campos de Castilla. *Son una colección de brevísimos poemas con una decidida orientación popular y didáctica. Antonio Machado y Álvarez, padre del poeta, fue un famoso folclorista que dedicó su vida a recoger cantares populares. Antonio Machado aborda, por tanto, unas formas que le son tremendamente familiares.*

En estas composiciones aparecen todos los temas recurrentes del poeta tratados desde una perspectiva esencial y, en muchos casos, paradójica. Como siempre sucede con la poesía, conviene leer los textos más de una vez.

* * *

Nunca perseguí la gloria
ni dejar en la memoria
de los hombres mi canción;
yo amo los mundos sutiles,
5   ingrávidos y gentiles
como pompas de jabón.
Me gusta verlos pintarse
de sol y grana, volar
bajo el cielo azul, temblar
10   súbitamente y quebrarse.

* * *

La envidia de la virtud
hizo a Caín criminal
¡Gloria a Caín! Hoy el vicio
es lo que se envidia más.

* * *

El hombre es por natura la bestia paradójica,
un animal absurdo que necesita lógica.
Creó de nada un mundo y, su obra terminada,
«Ya estoy en el secreto —se dijo—, todo es nada.»

* * *

Ayer soñé que veía
a Dios y que a Dios hablaba;
y soñé que Dios me oía...
Después soñé que soñaba.

* * *

No extrañéis, dulces amigos,
que esté mi frente arrugada;
yo vivo en paz con los hombres
y en guerra con mis entrañas.

* * *

De diez cabezas, nueve
embisten y una piensa.
Nunca extrañéis que un bruto
se descuerne luchando por la idea.

* * *

Todo hombre tiene dos
batallas que pelear:
en sueños lucha con Dios;
y despierto, con el mar.

* * *

Caminante, son tus huellas
el camino, y nada más;
caminante, no hay camino,
se hace camino al andar.
5   Al andar se hace camino,
y al volver la vista atrás
se ve la senda que nunca
se ha de volver a pisar.
Caminante, no hay camino,
10   sino estelas en la mar.

* * *

El que espera desespera,
dice la voz popular.
¡Qué verdad tan verdadera!

La verdad es lo que es,
5   y sigue siendo verdad
aunque se piense al revés.

* * *

Bueno es saber que los vasos
nos sirven para beber;
lo malo es que no sabemos
para qué sirve la sed.

* * *

¿Dices que nada se pierde?
Si esta copa de cristal
se me rompe, nunca en ella
beberé, nunca jamás.

* * *

Dices que nada se pierde,
y acaso dices verdad;
pero todo lo perdemos
y todo nos perderá.

* * *

Todo pasa y todo queda;
pero lo nuestro es pasar,
pasar haciendo caminos,
caminos sobre la mar.

* * *

Ya hay un español que quiere
vivir y a vivir empieza,
entre una España que muere
y otra España que bosteza.
5 Españolito que vienes
al mundo, te guarde Dios.
Una de las dos Españas
ha de helarte el corazón.

JUAN DE MAIRENA

*T*E ofrecemos a continuación unos textos de Juan de Mairena. *Obra tardía (los primeros fragmentos fueron publicados en la prensa en 1934), es esencial para conocer el pensamiento último de Antonio Machado. No es un libro estructurado en torno a una historia, sino una serie de artículos, breves diálogos y párrafos sueltos atribuidos al apócrifo profesor Juan de Mairena. Verás que en los textos hay mucho de ingenio y que requieren cierta morosidad en su lectura.*

* * *

La verdad es la verdad, dígala Agamenón o su porquero.
Agamenón.—Conforme.
El porquero.—No me convence.

*

(Mairena, en su clase de Retórica y Poética.)

—Señor Pérez, salga usted a la pizarra y escriba: «Los eventos consuetudinarios que acontecen en la rúa.»
El alumno escribe lo que se le dicta.
—Vaya usted poniendo eso en lenguaje poético.
El alumno, después de meditar, escribe: «Lo que pasa en la calle.»
Mairena.—No está mal.

* * *

(Proverbios y consejos de Mairena.)

Los hombres que están siempre de vuelta en todas las cosas son los que no han ido nunca a ninguna parte. Porque ya es mucho ir; volver, ¡nadie ha vuelto!

*

El paleto perfecto es el que nunca se asombra de nada; ni aun de su propia estupidez.

*

Sed modestos: yo os aconsejo la modestia o, por mejor decir: yo os aconsejo un orgullo modesto, que es lo español y lo cristiano. Recordad el proverbio de Castilla: «Nadie es más que nadie.» Esto quiere decir cuánto es difícil aventajarse a todos, porque, por mucho que un hombre valga, nunca tendrá valor más alto que el de ser hombre.

*

Así hablaba Mairena a sus discípulos. Y añadía: ¿Comprendéis ahora por qué los grandes hombres solemos ser modestos?

*

Huid de escenarios, púlpitos, plataformas y pedestales. Nunca perdáis contacto con el suelo; porque sólo así tendréis una idea aproximada de vuestra estatura.

*

Para los tiempos que vienen hay que estar seguros de algo. Porque han de ser tiempos de lucha y habréis de tomar partido. ¡Ah! ¿Sabéis vosotros lo que esto significa? Por de pronto, renunciar a las razones que pudieran tener vuestros adversarios, lo que os obliga a estar doblemente seguros de las vuestras. Y eso es mucho más difícil de lo que parece. La razón humana no es hija, como algunos creen, de las disputas entre los hombres, sino del diálogo amoroso en que se busca la comunión por el intelecto en verdades, absolutas o relativas, pero que, en el peor caso, son independientes del humor individual. Tomar partido es, no sólo renunciar a las razones de vuestros adversarios, sino también a las vuestras; abolir el diálogo, renunciar, en suma, a la razón humana. Si lo miráis despacio, comprenderéis el arduo problema de vuestro porvenir: habéis de retroceder a la barbarie, cargados de razón. Es el trágico y gedeónico[23] destino de nuestra especie. ¿Qué piensa usted, señor Rodríguez?

—Que, en efecto —habla Rodríguez, continuando el discurso del maestro—, hay que tomar partido, seguir un estandarte, alistarse bajo una bandera, para pelear. La vida es lucha, antes que diálogo amoroso. Y hay que vivir.

—¡Qué duda cabe! Digo, a no ser que pensemos, con aquel gran chuzón[24] que fue Voltaire: «Nous n'en voyons pas la necessité»[25].

*

Hay hombres que nunca se hartan de saber. Ningún día —dicen— se acuestan sin haber aprendido algo nue-

---

[23] *gedeónico:* se refiere a Gedeón, juez israelita famoso por su crueldad.

[24] *chuzón:* astuto.

[25] *Nous n'en voyons pas la necessité:* No vemos la necesidad.

vo. Hay otros, en cambio, que nunca se hartan de ignorar. No se duermen tranquilos sin averiguar que ignoraban profundamente algo que creían saber. «*A*, igual a *A*», decía mi maestro, cuando el sueño eterno comenzaba a enturbiarle los ojos. Y añadía, con voz que no sonaba ya en este mundo: «Áteme usted esa mosca por el rabo.»

* * *

(Sobre el tiempo poético.)

La poesía es —decía Mairena— el diálogo del hombre, de un hombre con su tiempo. Eso es lo que el poeta pretende eternizar, sacándolo fuera del tiempo, labor difícil y que requiere mucho tiempo, casi todo el tiempo de que el poeta dispone. El poeta es un pescador, no de peces, sino de pescados vivos; entendámonos: de peces que puedan vivir después de pescados.

* * *

(Fragmento de lecciones.)

—Hoy traemos, señores, la lección 28, que es la primera que dedicamos a la oratoria sagrada. Hoy vamos a hablar de Dios. ¿Os agrada el tema?

Muestras de asentimiento en la clase.

—Que se pongan en pie todos los que crean en Él.

Toda la clase se levanta, aunque no toda con el mismo ímpetu.

—¡Bravo! Muy bien. Hasta mañana, señores.

—¿...?

—Que pueden ustedes retirarse.

—¿Y qué traemos mañana?

—La lección 29: «De la posible inexistencia de Dios.»

TEXTO COMENTADO

«¡Qué hermosura la de una puesta de sol en estas solemnes soledades! Se hincha al tocar el horizonte como si quisiera gozar de más tierra, y se hunde, dejando polvo de oro en el cielo, y en la tierra sangre de su luz. Va luego blanqueando la bóveda infinita, se oscurece de prisa, y cae encima, tras fugitivo crepúsculo, una noche profunda, en que tiritan las estrellas. No son los atardeceres dulces, lánguidos y largos del septentrión.

¡Ancha es Castilla! ¡Y qué hermosa la tristeza reposada de ese mar petrificado y lleno de cielo! Es un paisaje uniforme y monótono en sus contrastes de luz y sombra, en sus tintas disociadas y pobres en matices. Las tierras se presentan como en inmensa plancha de mosaico de pobrísima variedad, sobre que se extiende el azul intensísimo del cielo. Faltan suaves transiciones, ni hay otra continuidad armónica que la de la llanura inmensa y el azul compacto que la cubre e ilumina.»

El texto que hemos seleccionado pertenece al libro *En torno al casticismo,* publicado por Miguel de Unamuno en 1911. Esta obra es una recopilación de ensayos aparecidos con anterioridad en revistas y diarios. De ahí que el fragmento al que nos referimos viera la luz por primera vez en marzo de 1895. La importancia de la fecha de publicación del artículo reside en que, por una parte, sirvió como referencia para la redacción de obras capitales para la generación del 98 (como el *Idearium español,* de Ángel Ganivet), y por otra, abrió el camino a la creación de la imagen literaria de Castilla, que, como sabemos, es uno de los pilares en los que se asienta el sentir noventayochista.

El tema central del texto es la descripción emocionada del paisaje castellano. Pero el autor no muestra la totalidad del paisaje, sino que hace una selección de aquello que él considera más interesante para sus propósitos. El fragmento está dividido en dos párrafos. En el primero, Unamuno describe un atardecer. En el segundo se presentan las tierras castellanas en toda su extensión. Así, la luz crepuscular inunda los campos, las vastas extensiones, dando una imagen de belleza poética al paisaje. Y es que al autor no le interesa tanto mostrar la objetividad de una descripción paisajística como transmitir la emoción que provoca en él la contemplación de la esencia castellana.

El primer párrafo se abre con una oración exclamativa en la que se expone lo que se va a mostrar a continuación. Unamuno toma, por tanto, como punto de partida la impresión de conjunto, la emoción general, para ir desglosándola. Es preciso destacar el último sintagma de esta oración inicial («en estas solemnes soledades»): en el plano formal hay una llamativa aliteración; desde el punto de vista del contenido, se puede afirmar que el autor relaciona un término tradicionalmente negativo («soledad») con un adjetivo que aporta grandiosidad, gravedad e importancia. A partir de esa frase inicial, el texto detalla la acción del sol y su efecto sobre el paisaje (que es descrito con dos metáforas: «polvo de oro» y «sangre»). Tras llegar la noche profunda, en la que «tiritan las estrellas» (en personificación de larga tradición literaria), aparece la frase final que, encabezada por una negación, compara el crepúsculo castellano con los del Norte.

También se inicia el segundo párrafo con una oración exclamativa. Pero lejos del sentido más coloquial con el que se ha empleado después esa frase, de importar poco algo, Unamuno la utiliza con un significado más próximo al etimológico de amplitud de Castilla. Para referirse a las tierras emplea una bellísima metáfora («mar petrificado»), precedida por la personificación «tristeza reposada», para continuar con una serie de comparaciones. Vuelve a llamarnos la atención la última frase porque de nuevo nos encontramos con una comparación, en negativo, con otros paisajes («Faltan suaves transiciones»).

Como habrás podido observar, hay una estructura paralelística entre los dos párrafos: exclamación, descripción poética, negación. Esta forma de estructurar el texto permite al lector profundizar en el contenido a la vez que provoca un importante efecto estético.

Llama la atención cómo en un texto ensayístico Unamuno ha sabido fundir el cuidado y la belleza en la forma con la transmisión de un contenido en apariencia prosaico. El autor, como el resto de noventayochistas (muy especialmente Machado y *Azorín*) funde sus sentimientos con los del paisaje para crear así una sensación de unidad con el entorno. Difícilmente se pueden encontrar en el apasionado don Miguel páginas en las que predomine una serena objetividad: no era su manera de entender la vida. Para él todo es una pura pasión. Y el texto que hemos leído es una buena muestra de ello, porque el autor vibra y se implica en el paisaje como si fuera parte de sí mismo, parte de su esencia como español.

El mismo Unamuno explica el título que dio al libro, en el que se integra este fragmento desde una perspectiva etimológica (una vez más aflora el catedrático de la Universidad de Salamanca): el término *casticismo* deriva de *casta*, y éste, del adjetivo *casto*, puro. Pues bien, aquí tenemos la clave de estos escritos unamunianos en los que el eje central siempre es la búsqueda de la sustancia pura del alma castellana para integrarla en el entorno de progreso que suponía Europa.

PROPUESTAS DE COMENTARIO

Texto 1

EL MAÑANA EFÍMERO

«La España de charanga y pandereta,
cerrado y sacristía,
devota de Frascuelo y de María,
de espíritu burlón y de alma inquieta,
5 ha de tener su mármol y su día,
su infalible mañana y su poeta.
El vano ayer engendrará un mañana
vacío y ¡por ventura! pasajero.
Será un joven lechuzo y tarambana,
10 un sayón con hechuras de bolero,
a la moda de Francia realista,
un poco al uso de París pagano,
y al estilo de España especialista
en el vicio al alcance de la mano.
15 Esa España inferior que ora y bosteza,
vieja y tahúr, zaragatera y triste;
esa España inferior que ora y embiste,
cuando se digna usar de la cabeza,
aún tendrá luengo parto de varones
20 amantes de sagradas tradiciones
y de sagradas formas y maneras;
florecerán las barbas apostólicas,
y otras calvas en otras calaveras
brillarán, venerables y católicas.
25 El vano ayer engendrará un mañana
vacío y ¡por ventura! pasajero,
la sombra de un lechuzo tarambana,

de un sayón con hechuras de bolero;
el vacuo ayer dará un mañana huero.
30 Como la náusea de un borracho ahíto
de vino malo, un rojo sol corona
de heces turbias las cumbres de granito;
hay un mañana estomagante escrito
en la tarde pragmática y dulzona.
35 Mas otra España nace,
la España del cincel y de la maza,
con esa eterna juventud que se hace
del pasado macizo de la raza.
Una España implacable y redentora,
40 España que alborea
con un hacha en la mano vengadora,
España de la rabia y de la idea.»

ANTONIO MACHADO

1. Localización

— El poema pertenece a *Campos de Castilla*. ¿Podrías relacionarlo con otro texto del mismo libro que tiene un título semejante?

— Señala a qué parte del libro pertenece.

2. Referencias culturales

— ¿Se puede relacionar el poema con alguna región geográfica en concreto? ¿Por qué?

— Averigua quiénes son los nombres propios que aparecen en el verso tercero.

3. Comprensión

— Enuncia cuál es el tema del poema.

— ¿Cómo ve el poeta el futuro inmediato?

— ¿Y el futuro posterior?

4. Organización

— ¿Qué partes pueden distinguirse en el texto?

— ¿Puedes señalar algunas reiteraciones? ¿Qué sentido tienen?

5. Técnica y estilo

— Señala los principales artificios retóricos.

— Analiza el tipo de versificación que emplea Machado.

— ¿Crees que es un poema difícil de entender? ¿Por qué?

6. Conclusión y valoración personal

— Explica el título del poema.

— ¿Por qué nos encontramos ante un texto noventayochista?

— ¿Te parece revolucionaria la postura de Machado? ¿Por qué?

Texto 2

UNA LUCECITA ROJA

«Cuando la noche llega, la casa se va sumiendo poco a poco en la penumbra. Ni una luz, ni un ruido. Los muros desaparecen esfumados en la negrura. A esta hora, allá abajo, se escucha un sordo, formidable estruendo que dura un breve momento. Entonces, casi inmediatamente, se ve una lucecita roja que aparece en la negrura de la noche y desaparece en seguida. Ya sabréis lo que es: es un tren que todas las noches, a esta hora, en este momento, cruza el puente de hierro tendido sobre el río y luego se esconde tras una loma.»

AZORÍN:
Castilla

1. Localización

— Este brevísimo fragmento es el segundo párrafo de un texto recogido por *Azorín* en *Castilla* (1912). ¿Podrías relacionarlo, por su temática, con algún otro artículo del mismo autor que aparece entre los textos que has leído?

— ¿Qué importancia tiene *Castilla* dentro de la obra azoriniana?

2. Referencias culturales

— ¿Cómo afectó la llegada del ferrocarril a la vida cotidiana de principios de siglo?

3. Comprensión

— ¿Presenta el fragmento alguna dificultad para su comprensión? Explica por qué.

— ¿Consideras que el texto se centra en un momento importante o, por el contrario, describe algo cotidiano? ¿Cómo se relaciona esto con el resto de la producción de Martínez Ruiz?

4. Organización

— A pesar de la brevedad del fragmento, se puede apreciar el orden en la presentación de los diferentes elementos que aparecen. Indícalo.

5. Técnica y estilo

— Señala qué hace de éste un fragmento descriptivo.

— ¿Aparecen muchos verbos? ¿De qué tipo son? ¿Qué indica esto?

— Con frecuencia, *Azorín* recurre a un léxico arcaizante. ¿Es éste el caso? Trata de explicar cuál es la razón.

6. Conclusión y valoración personal

— ¿Te parece que es una descripción subjetiva u objetiva? Razona tu respuesta.

— La obra de Martínez Ruiz se suele relacionar con los momentos fugaces, con la monotonía cotidiana, con la belleza de las cosas nimias. Relaciona el fragmento con este punto de vista.

Texto 3

EL ÁRBOL DE LA CIENCIA

«Hurtado le contaba lo que hacía, le hablaba de la clase de disección, de los cafés cantantes, de la vida de Madrid de noche.

Fermín, resignado, le oía con gran curiosidad. Cosa absurda: al salir de la casa del pobre enfermo, Andrés tenía una idea agradable de su vida.

¿Era un sentimiento malvado de contraste al sentirse sano y fuerte cerca del impedido y del débil?

Fuera de aquellos momentos, en los demás, el estudio, las discusiones, la casa, los amigos, sus correrías, todo esto mezclado con sus pensamientos, le

daba una impresión de dolor, de amargura en el espíritu. La vida en general, y sobre todo la suya, le parecía una cosa fea, turbia, dolorosa e indominable.»

PÍO BAROJA

1. Localización

— El texto pertenece al capítulo seis de la primera
parte de *El árbol de la ciencia,* de Pío Baroja, a los
momentos de formación de Andrés Hurtado. Relaciona el fragmento con la propia vida de don Pío.

— ¿En qué momento se publica *El árbol de la ciencia?* ¿Qué importancia tiene con respecto a la novelística barojiana?

2. Referencias culturales

— ¿Qué ambiente de Madrid se trasluce en el texto?

— ¿Qué idea de la vida de Andrés Hurtado te transmite el texto?

3. Comprensión

— Señala el tema central del fragmento.

— ¿Cuál es la reacción del protagonista al salir de la
casa de su amigo enfermo?

— El alivio del sufrimiento propio mediante la contemplación del dolo ajeno es una idea ya formu-
lada por uno de los pensadores preferidos de Baroja: Schopenhauer. ¿Crees que hay en el texto
una formulación filosófica o, por el contrario, es
presentado como un rasgo más de la vida de Andrés?

4. Organización

— El texto está dividido en cuatro párrafos. ¿Qué relación guardan entre ellos?

— ¿Qué importancia tiene el último párrafo?

5. Técnica y estilo

— ¿Las oraciones son largas o breves? ¿Qué sensación transmiten?

— ¿Hay recreaciones en elementos marginales o secundarios?

— Explica si en el texto predomina la narración o la descripción.

6. Conclusión y valoración personal

— Recuerda que el protagonista del texto es todavía muy joven, pero acabará suicidándose. A la vista de esto, explica la última frase del texto.

— Relaciona el fragmento con las ideas predominantes de la generación del 98.

TEMAS PARA EL DEBATE

- Los escritores del 98 mantienen una relación muy especial con la religión: creen, o tratan de creer, en Dios, a la vez que se alejan de los fomalismos eclesiásticos. ¿Cómo interpretas esta actitud? ¿Tiene algún parecido con otras situaciones actuales que tú conozcas?

- Unamuno, Baroja y Maeztu eran vascos; *Azorín,* alicantino; Valle-Inclán, gallego; Ganivet y Machado, andaluces, y sin embargo, todos ellos volvieron la vista a Castilla para buscar la esencia de España. ¿Crees que sería ahora posible algo similar?

- La preocupación por España es un tema de larga tradición en nuestra literatura (piensa en Quevedo o en los escritores ilustrados, por ejemplo) que, casi siempre, se ha concebido desde una perspectiva unitaria. El actual desarrollo de las conciencias regionales permite un enfoque más enriquecedor. ¿Por qué?

- Hagamos un ejercicio semejante al de los noventayochistas: ¿dónde encuentras tú, en qué comarca o en qué paisaje, la esencia de tu comunidad autónoma?

- A lo largo de todo el siglo XIX y casi hasta mediados del XX, España mantuvo un buen número de guerras. Por esta razón, era muy importante la preparación y el buen funcionamiento del Ejército. En *Los cuernos de don Friolera,* Valle-Inclán presenta el esquema militar de valores basado en un concepto del honor absolutamente trasnochado. ¿Hacia dónde crees que ha evolucionado el sistema de valores del Ejército? ¿Cuál es el papel del Ejército en la actualidad?

• ¿Qué te sugieren las pocas apariciones de personajes femeninos en los textos? ¿A qué crees que se debe el que no haya escritoras en la generación del 98? ¿Cuál ha sido el lugar que han ocupado las mujeres en la cultura española? ¿Ha cambiado la situación?

• El protagonista de *La busca,* como todos los jóvenes, trata de encontrar su lugar en el engranaje social. Baroja lo enfrenta a la dura vida del trabajador y a la más relajada del delincuente juvenil. Ponte en su situación e imagínate a ti mismo con cuarenta años después de haber recorrido los dos caminos.

• En *El Quijote,* Sansón Carrasco, el cura y el barbero representan la cordura, la sensatez. Enfrente se encuentra Don Quijote y a él apela Unamuno, como paradigma del idealismo y la imaginación, para resolver los problemas de España. ¿Por cuál de las dos posturas te decantas tú? ¿Por qué?

LECTURAS COMPLEMENTARIAS

Rubén Darío: *Poemas escogidos.*
Madrid, McGraw-Hill, 1997.
Edición de Eduardo Becerra

Mucho se ha debatido acerca de las semejanzas y diferencias entre modernistas y noventayochistas. Como decíamos en la Introducción, cada vez más los estudiosos están llegando al acuerdo de que sólo eran las dos caras de una misma moneda y en muchos autores se pueden encontrar ambas corrientes en diferentes momentos de su vida.

Rubén Darío se ha considerado tradicionalmente el padre del modernismo. A continuación te proponemos la lectura de uno de sus poemas modernistas más populares. Fíjate en cómo el tema que trata (la pena de una princesa), el ritmo de los versos y el léxico que emplea lo aleja de los textos del 98.

SONATINA

La princesa está triste... ¿qué tendrá la princesa?
Los suspiros se escapan de su boca de fresa,
que ha perdido la risa, que ha perdido el color.
La princesa está pálida en su silla de oro,
5 está mudo el teclado de su clave sonoro;
y en un vaso olvidada se desmaya una flor.

El jardín puebla el triunfo de los pavos-reales.
Parlanchina, la dueña dice cosas banales,
y, vestido de rojo, piruetea el bufón.
10 La princesa no ríe, la princesa no siente;
la princesa persigue por el cielo de Oriente
la libélula vaga de una vaga ilusión.

¿Piensa acaso en el príncipe de Golconda o de
China,
o en el que ha detenido su carroza argentina
15 para ver de sus ojos la dulzura de luz?
¿O en el rey de las Islas de las Rosas fragantes,
o en el que es soberano de los claros diamantes,
o en el dueño orgulloso de las perlas de Ormuz?

¡Ay! la pobre princesa de la boca de rosa
20 quiere ser golondrina, quiere ser mariposa,
tener alas ligeras, bajo el cielo volar,
ir al sol por la escala luminosa de un rayo,
saludar a los lirios con los versos de mayo,
o perderse en el viento sobre el trueno del mar.

25 Ya no quiere el palacio, ni la rueca de plata,
ni el halcón encantado, ni el bufón escarlata,
ni los cisnes unánimes en el lago de azur.
Y están tristes las flores por la flor de la corte;
los jazmines de Oriente, los nelumbos del Norte,
30 de Occidente las dalias y las rosas del Sur.

¡Pobrecita princesa de los ojos azules!
Está presa en sus oros, está presa en sus tules,
en la jaula de mármol del palacio real;
el palacio soberbio que vigilan los guardas,
35 que custodian cien negros con sus cien alabardas,
un lebrel que no duerme y un dragón colosal.

¡Oh quién fuera hipsipila que dejó la crisálida!
(La princesa está triste. La princesa está pálida)
¡Oh visión adorada de oro, rosa y marfil!
40 ¡Quién volara a la tierra donde un príncipe existe

(La princesa está pálida. La princesa está triste)
más brillante que el alba, más hermoso que abril!

—¡Calla, calla, princesa —dice el hada madrina—,
en caballo con alas, hacia acá se encamina,
45 en el cinto la espada y en la mano el azor,
el feliz caballero que te adora sin verte,
y que llega de lejos, vencedor de la Muerte,
a encenderte los labios con su beso de amor!

Si fue *Azorín* quien acuñó el término de generación del 98, a Pedro Salinas, el poeta y profesor, corresponde el haberlo refrendado. Salinas tomó en 1935 los criterios que propone el pensador alemán Petersen en su libro *Las generaciones literarias* y los aplicó a la generación del 98. Desde entonces, todos los estudios sobre los noventayochistas se han hecho a partir de este análisis. Aquí tienes las conclusiones del poeta.

Por último, cita Petersen lo que denomina el anquilosamiento o parálisis de la generación anterior. No se puede tratar tan de prisa un tema delicado. Basta decir que abundan los testimonios de que en los primeros años del siglo XX la fuerza operante de la anterior generación literaria, la realista, carecía de todo imperio y crédito sobre las conciencias nuevas y, además, era incapaz de creaciones renovadoras. Galdós, la Pardo Bazán, Alas, en el final de su carrera se sienten ya a disgusto ellos mismos en el realismo y ensayan formas de novela espiritualista en pugna con él. Con eso explicaríamos también la justa injusticia cometida con Blasco Ibáñez, realista rezagado y por eso no comprendido en su valor por la nueva generación. En los primeros escritos de los hombres del 98 menudean los juicios de disentimiento y de franco ataque con las glorias de la generación pasada. Ya sé que mucho más tarde algunos escritores del 98, por ejemplo, *Azorín,* han rectificado esta actitud, pero eso no invalida la fuerza de aquellos ataques como testimonio espontáneo del estado de conciencia de aquellos primeros años. Los jóvenes de entonces creían firmemente que el arte inmediatamente anterior estaba anquilosado; es más, que la enfermedad de la España en que habían nacido era una terrible parálisis.

Esta es, expuesta con brevedad, acaso con algún error y muy necesitada de aclaraciones, la resultante de confrontar los comienzos literarios de nuestro siglo xx con la teoría de generación literaria elaborada en Alemania. Para mí la consecuencia no ofrece duda: hay una generación del 98. En ese grupo de escritores, los elementos exigidos por Petersen como indispensables para que exista una generación se encuentran casi sin falta. Y al ir comparando los hechos con la doctrina, vemos acusarse sin vacilación alguna entre aquellos principios de siglo los perfiles exactos de un nuevo complejo espiritual perfectamente unitario que irrumpía en la vida española: la generación del 98.

Antonio Muñoz Molina es, muy posiblemente, uno de los novelistas españoles vivos de mayor calidad. *Beatus ille* (1986), *El invierno en Lisboa* (1987), *Beltenebros* (1989) y, sobre todo, *El jinete polaco* (1992) han conseguido el aplauso unánime del público y la crítica. Además, pese a su juventud (nació en 1956), ya es académico de la Lengua.

En un artículo aparecido en el diario *El País* el día 30 de octubre de 1996 expone cuál es su relación con la obra de Pío Baroja. Nada mejor para expresar la vigencia de un clásico.

Hace 40 años justos, los mismos que yo tengo, murió Pío Baroja en un otoño remoto de grisuras franquistas. Resultan tentadoras las simetrías y las coincidencias de los aniversarios. Baroja es uno de los grandes nombres de la cultura en español, pero yo me temo que el cuadragésimo aniversario de su muerte va a ser bastante menos celebrado que el de la llegada de la televisión a España: casi en los mismos días en que se extingue una memoria en la que estaba guardado el testimonio de la vida española y europea del tránsito al siglo XX, desde el desastre de Cuba y las pesadeces retóricas del novecientos hasta los cataclismos trágicos de la guerra española y de la II Guerra Mundial, aparece la invención suprema de una edad nueva, la máquina incesante de la presencia y el olvido, la difusora y trituradora universal de todas las palabras, de todas las caras y paisajes, de todos los hechos, la enciclopedia instantánea en la que todas las cosas surgen y se borran a la misma velocidad, dejando, si acaso, una escoria de aturdida indiferencia. Es muy común afirmar que la era de la televisión ha sucedido a la era del libro. Si eso fuera cierto, la simultaneidad del entierro de Pío Baroja y del comienzo paleolítico de las emisiones en blanco y negro designaría las fechas exactas del cambio de los tiempos, con la misma claridad simbólica con que la toma de la Bastilla el 14 de julio de 1789 señala el principio del fin del Antiguo Régimen. Pero la televisión cada día está más conmemorativa y más antigua, más burda, más plagiaria de lo peor de sí misma, y a los libros de Baroja les ocurre justo lo contrario, que ganan en modernidad y juventud cada año que pasa.

[. . .]

Quienes lo desprecian sin haberlo leído (en España, la afición a despreciar es casi tan intensa como la afición a no leer) lo presentan como a una especie de paleto autárquico con boina. Pero en muy pocos escritores españoles se encuentran tan presentes las ciudades y los paisajes de Europa o es tan acusada la vocación de compreder y descubrir lo lejano, lo ajeno a la literatura: la ciencia, la filosofía, la música. En un país de literatos con las orejas de madera, el oído de Baroja es tan certero para la música como para el habla. Le gustaban las canciones populares y las zarzuelas de Chueca, y amaba a Mozart tan de corazón como detestaba las tempestuosidades de Wagner. Leyéndolo, yo tengo a veces la misma sensación de divagadora y pudorosa poesía que cuando escucho el piano de Erick Satie o de Thelonius Monk. En 1917, escribió: «Yo supongo que se puede ser sencillo y sincero, sin afectación y sin chabacanería, un poco gris, para que se destaquen los matices tenues; que se puede emplear un ritmo que vaya en consonancia con la vida actual, ligera y varia, y sin aspiración de solemnidad.» Cuarenta años después de su muerte, día por día, en esas palabras encuentro el resumen de la literatura que me gustaría aprender a escribir.

Como habrás podido comprobar con la lectura de los textos, Valle-Inclán aportó una nueva poética, una manera diferente de entender las obras artísticas. A continuación te presentamos dos textos más del propio Valle-Inclán referidos a su manera de entender la literatura. El primero, publicado en el diario argentino *La Nación* en 1910, se refiere al estilo. En el segundo, de 1929, el autor explica cuáles son las perspectivas artísticas.

He leído muchas veces que para el aprendizaje literario conviene repasar diccionarios y catálogos de profesiones. Cuentan de famosos escritores franceses que han seguido este procedimiento y Gabriel d'Annunzio también lo practica y exalta; no puedo decir que sea eficaz, porque jamás lo he practicado; pero puedo deciros que instintivamente lo repudio. Yo puedo deciros que llené mis alforjas por los caminos de las dos Castillas. Entrando en las ventas y calentándome en las cocinas y durmiendo en los pajares. Tales fueron las universidades donde aprendí los más expresivos y sonoros vocablos y el modo de usarlos, que es lo más esencial, y las imágenes y las comparaciones, y los adjetivos sin antecedentes literarios. Porque la primera virtud del estilo es que se parezca al estado hablado, como quería Montaigne. En el habla del labriego está el espíritu de nuestra lengua, y no en los clásicos que vivieron latinizando e italianizando.

* * *

Creo que hay tres modos de ver el mundo, artística o estéticamente: de rodillas, en pie o levantados en el aire. Cuando se mira de rodillas —y esta es la posición más antigua en literatura—, se da a los personajes, a los héroes, una condición superior a la condición humana, cuando menos a la condición del narrador o del poeta. Así, Homero atribuye a sus héroes condiciones que, en modo alguno, tienen los hombres. Se crean, por decirlo así, seres superiores a la naturaleza humana: dioses, semidioses y héroes.

Hay una segunda manera, que es mirar a los protagonistas novelescos como de nuestra propia naturaleza, como si fuesen nuestros hermanos, como si fuesen ellos nosotros mismos, como si fuera el personaje un desdoblamiento de nuestro yo, con nuestras mismas virtudes y nuestros mismos defectos. Esta es indudablemente la manera que más prospera. Esto es Shakespeare, todo Shakespeare. Los celos de Otelo son los celos que podría haber sufrido el autor, y las dudas de Hamlet, las dudas que podría haber sentido el autor. Los personajes en este caso son de la misma naturaleza humana, ni más ni menos que el que los crea: son una realidad, la máxima verdad.

Y hay otra tercera manera, que es mirar el mundo desde un plano superior, y considerar a los personajes de la trama como seres inferiores al autor, con un punto de ironía. Los dioses se convierten en personajes de sainete. Esta es una manera muy española, manera de demiurgo, que no se cree en modo alguno hecho del mismo barro que sus muñecos. Quevedo tiene esta manera. Cervantes, también. A pesar de la grandeza de Don Quijote, Cervantes se cree más cabal y más cuerdo que él, y jamás se emociona con él.

La evolución ideológica de los integrantes de la generación del 98 ha sido motivo de un buen número de estudios. Y es que llaman la atención casos como los de Machado y Valle-Inclán (por su progresismo a medida que pasan los años) o los de _Azorín_ o Maeztu (justo por lo contrario). De este último hemos seleccionado un fragmento de su última obra, _Defensa de la hispanidad,_ que explica la afección que para con él tuvo el régimen de Franco.

Nuestro pasado nos aguarda para crear el porvenir. El porvenir perdido lo volveremos a hallar en el pasado. La historia señala el porvenir. En el pasado está la huella de los ideales que íbamos a realizar dentro de diez mil años. El pasado español es una procesión que abandonamos, los más de nosotros, para seguir con los ojos las de países extranjeros o para soñar con un orden natural de formaciones revolucionarias, en que los analfabetos y los desconocidos se pusieran a guiar a los hombres de rango y de cultura. Pero la antigua procesión no ha cesado del todo. Aún nos aguarda. Por su camino avanzan los muertos y los vivos. Llevan por estandartes las glorias nacionales. Y nuestra vida verdadera, en cuanto posible en este mundo, consiste en volver a entrar en fila. «¿Decíamos ayer?...» Precisamente. De lo que se trata es de recordar con precisión lo que decíamos ayer, cuando teníamos algo que decir. Esta precisión, en general, sólo la alcanzan los poetas. Si tenemos razón los españoles historicistas, han de venir en auxilio nuestro los poetas. Si la plenitud de la vida de los españoles y de los hispánicos está en la Hispanidad y de la Hispanidad en el recobro de su conciencia histórica, tendrán que surgir los poetas que nos orienten con sus palabras mágicas.

¿Acaso no fue un poeta el que asoció por vez primera las tres palabras de Dios, Patria y Rey? La divisa fue, sin embargo, insuperable, aunque tampoco lo era inferior la que decía: Dios, Patria, Fueros, Rey. Nuestros guerreros de la Edad Media crearon otra que fue talismán de la victoria: «¡Santiago y cierra, España!» En el siglo XVI pudo crearse, como lema del esfuerzo hispánico, la de: «La fe y las obras». Era la puerta al reino de los Cielos. ¿No podría fundarse en ella el acceso a la ciudadanía, el día en que deje de creerse en los derechos políticos del hombre natural? Los caballeros de la Hispanidad tendrían que forjarse su propia divisa. Para ello pido el auxilio de los poetas. Las palabras mágicas están todavía por decir. Los conceptos, en cambio, pueden darse ya por conocidos: servicio, jerarquía y hermandad, el lema antagónico al revolucionario de libertad, igualdad, fraternidad. Hemos de proponernos una obra de servicio. Para hacerla efectiva nos hemos de insertar en alguna organización jerárquica. Y la finalidad del servicio y de la jerarquía no ha de consistir únicamente en acrecentar el valer de algunos hombres, sino que ha de aumentar la caridad, la hermandad entre los humanos.